1

Klick!

Arbeitsheft

Sozialkunde/Politik

Erarbeitet von
Christine Fink
Dr. Oliver Fink
Andrea Richardy

In der **Cornelsen Lernen App** findest du passend zu deinem Arbeitsheft

- Audios
- Videos
- digitale Hilfen
- interaktive Elemente

Cornelsen

So arbeitest du mit diesem Heft

START

Jedes Kapitel beginnt mit einem großen Bild zum Thema.
Du kannst die Bilder genau anschauen und beschreiben, was du siehst.

Neue Schule, neue Klasse

1 Wie sieht eure Schule aus? Was gibt es an eurer Schule?

Willkommen in unserer Schule!

▶ Der Lese-Profi Seite 92

In unserer Schule gibt es vieles, was man entdecken kann. Wir haben einen großen Schulhof. Hier gibt es viele Spielgeräte. Wir können in den Pausen Tischtennis spielen, klettern und rutschen. Für die älteren Schülerinnen und Schüler gibt es auch einen Pausenraum. Hier haben sie die Möglichkeit, zu reden und sich zu entspannen. Wir haben ein Schulkiosk. Hier können wir belegte Brötchen und Getränke kaufen. An unserer Schule gibt es verschiedene Arbeitsgemeinschaften (AG). Nachmittags können wir uns dann zwischen der Sport-AG, Theater-AG und Musik-AG entscheiden.

6

2 Welche Arbeitsgemeinschaft passt zu welchem Bild? Verbinde.

Sport-AG | Theater-AG | Schach-AG | Forscher-AG | Chor-AG

3 Welche Angebote gibt es an deiner Schule?

An meiner Schule kann ich ...

7

Du kannst dein Vorwissen zum Thema sammeln:

- Was habe ich über das Thema schon gehört oder gelesen?

Du kannst Fragen zu dem Thema formulieren:

- Was interessiert mich besonders am Thema?
- Worüber möchte ich noch mehr erfahren?

INHALT

Auf den Inhaltsseiten informierst du dich über das Thema.

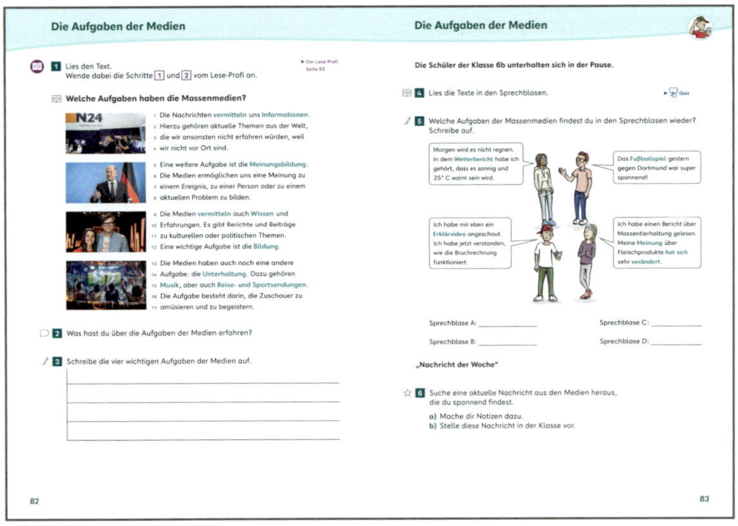

Die Aufgaben der Medien

1 Lies den Text.
Wende dabei die Schritte [1] und [2] vom Lese-Profi an.

▶ Der Lese-Profi Seite 92

Welche Aufgaben haben die Massenmedien?

Die Nachrichten vermitteln uns Informationen. Hierzu gehören aktuelle Themen aus der Welt, die wir ansonsten nicht erfahren würden, weil wir nicht vor Ort sind. Eine weitere Aufgabe ist die Meinungsbildung. Die Medien ermöglichen uns eine Meinung zu einem Ereignis, zu einer Person oder zu einem aktuellen Problem zu bilden. Die Medien vermitteln auch Wissen und Erfahrungen. Es gibt Berichte und Beiträge zu kulturellen oder politischen Themen. Eine wichtige Aufgabe ist die Bildung. Die Medien haben auch noch eine andere Aufgabe: die Unterhaltung. Dazu gehören Musik, aber auch Reise- und Sportsendungen. Die Aufgabe besteht darin, die Zuschauer zu amüsieren und zu begeistern.

2 Was hast du über die Aufgaben der Medien erfahren?

3 Schreibe die vier wichtigen Aufgaben der Medien auf.

82

Die Aufgaben der Medien

Die Schüler der Klasse 6b unterhalten sich in der Pause.

4 Lies die Texte in den Sprechblasen. ▶ Quiz

5 Welche Aufgaben der Massenmedien findest du in den Sprechblasen wieder?
Schreibe auf.

Sprechblase A: ____________ Sprechblase C: ____________

Sprechblase B: ____________ Sprechblase D: ____________

„Nachricht der Woche"

6 Suche eine aktuelle Nachricht aus den Medien heraus, die du spannend findest.

a) Mache dir Notizen dazu.
b) Stelle diese Nachricht in der Klasse vor.

83

Bilder, Texte, Schaubilder oder Karten stellen das Thema dar.

Einige Texte kannst du dir **in der App** auch anhören: ▶ Audio

Einige Bilder werden **in der App** in einem Film erklärt: ▶ Video

So arbeitest du mit diesem Heft

Diese Zeichen findest du vor den Aufgaben. Das bedeuten sie:

- Sehen
- Sprechen
- Lesen
- Schreiben
- Klassengespräch
- Ankreuzen
- Verbinden
- Hand
- Diese Aufgaben sind etwas kniffliger.
- Zu zweit arbeiten
- In der Gruppe arbeiten
- Mit digitalen Medien arbeiten

AKTIV!

Auf den **Aktiv-Seiten** kannst du etwas tun oder ausprobieren.
Hier findest du Angebote zum Spielen, Basteln oder etwas Neues zu erkunden.

METHODE

Auf den **Methoden-Seiten** lernst du, wie du etwas tun kannst.
In kleinen Schritten lernst du eine Befragung oder eine Erkundung durchzführen.

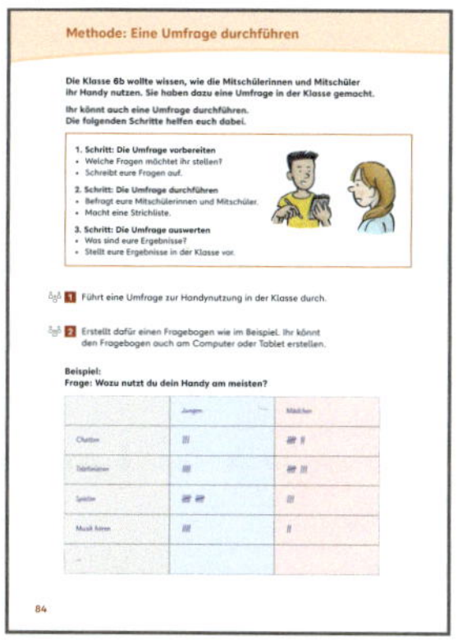

DAS KANN ICH!

Auf diesen Seiten prüfst du, ob du alles verstanden hast.
Du kannst dein Wissen testen und deinen Wortschatz erweitern.
Du kannst auch **in der App** die „Teste dich!“ Übungen ausprobieren.

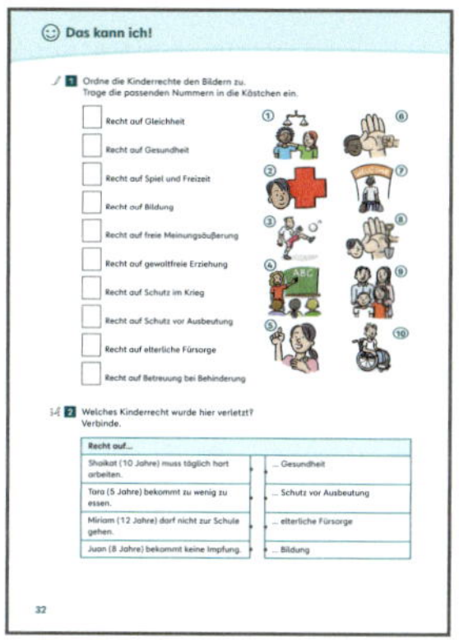

Wir wünschen dir viel Erfolg beim Lernen mit deinem neuen Klick! Arbeitsheft!

Inhaltsverzeichnis

Neue Schule, neue Klasse

1 Wie sieht eure Schule aus? Was gibt es an eurer Schule?

Willkommen in unserer Schule!

▶ Der Lese-Profi
Seite 92

In unserer Schule gibt es vieles, was man entdecken kann. Wir haben einen großen **Schulhof**. Hier gibt es viele **Spielgeräte**. Wir können in den **Pausen** Tischtennis spielen, klettern und rutschen. Für die älteren Schülerinnen und Schüler gibt es auch einen **Pausenraum**. Hier haben sie die Möglichkeit, zu reden und sich zu entspannen. Wir haben ein **Schulkiosk**. Hier können wir belegte Brötchen und Getränke kaufen. An unserer Schule gibt es verschiedene **Arbeitsgemeinschaften (AG)**. Nachmittags können wir uns dann zwischen der Sport-AG, Theater-AG und Musik-AG entscheiden.

2 Welche Arbeitsgemeinschaft passt zu welchem Bild? Verbinde.

Sport-AG

Theater-AG

Schach-AG

Forscher-AG

Chor-AG

3 Welche Angebote gibt es an deiner Schule?

An meiner Schule kann ich …

In der neuen Klasse

1 Wende die Schritte 1 und 2 vom Lese-Profi an.

▶ Der Lese-Profi Seite 92

Wir lernen uns kennen

Unsere **Klasse** besteht seit den Sommerferien. Es gibt viele neue Schülerinnen und Schüler in unserer Klasse. Einige Kinder kennen sich bereits aus der Grundschule. Andere lernen sich erst kennen. Wir haben eine **Klassenlehrerin** und einen weiteren **Lehrer**. In den ersten Wochen gibt es in der Klasse vieles zu besprechen. Gemeinsam überlegen wir, wie ein **guter Zusammenhalt** entstehen kann. Hierzu gehört die **gemeinsame Begrüßung** an jedem Morgen. So können wir gut in den Tag starten. Montags setzen wir uns in einen Kreis und erzählen von unserem Wochenende. Während des Unterrichts benutzt die Klassenlehrerin einen **Klangstab**. Wenn wir den Klang hören, dann werden wir ruhig und hören genau zu.

In der neuen Klasse

2 Aus eurer Klasse gibt es bestimmt auch vieles zu berichten.

a) Wie heißen eure Lehrerinnen oder Lehrer?

b) Wie viele Jungen und Mädchen seid ihr in der Klasse?

c) Welche Fächer werden bei euch unterrichtet?

3 Wie beginnt der Schultag bei euch?

Ich komme um ...

Ihr könnt euch durch das "Eckenspiel" besser kennenlernen.

Und so geht's:

- Alle Jungen und Mädchen aus der Klasse verteilen sich und gehen durch den Klassenraum.
- Die Lehrkraft gibt verschiedene Aussagen vor.
- Passt die Aussage zu dir, dann stellst du dich schnell in eine Ecke des Klassenraums, ansonsten bleibst du an deinem Platz stehen.

Mögliche Aussagen:

Alle Kinder, die...

- die Farbe Rot mögen, stellen sich in eine Ecke.
- Geschwister haben, stellen sich in eine Ecke.
- eine Brille tragen, stellen sich in eine Ecke.

Gesprächsregeln vereinbaren

1 Was siehst du auf dem Bild? Beschreibe.

Zuhören ist wichtig

▶ Der Lese-Profi Seite 92

In unserer Klasse ist es manchmal sehr **laut und wild**. Lisa und Marc rufen oft in die Klasse und **sprechen dazwischen**. Das ärgert die anderen Kinder sehr. Sie **beschweren sich**, und es wird unruhig. Frau Schmitz erinnert an die **Gesprächsregeln**:

- Ich höre zu.
- Ich unterbreche niemanden.
- Ich melde mich, wenn ich etwas sagen möchte.

Es fällt vielen noch schwer sich daran zu halten. Dadurch kommt es im Unterricht zu **Störungen**.

2 Welche Regeln kennst du schon?

In der Pause hast du mit einem Freund einen Streit. Er behauptet, dass du ein Geheimnis verraten hast. Er ist sehr wütend auf dich. Er macht dir Vorwürfe und fängt an mit dir zu streiten.

▶ Audio

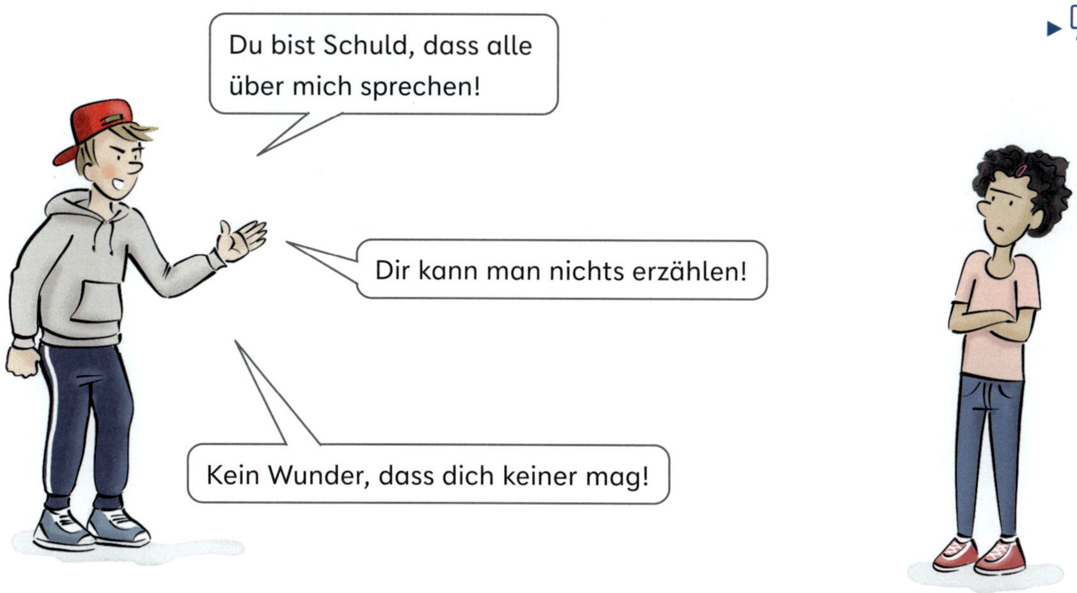

3 Lies die Sprechblasen.
Wie würdest du dich fühlen, wenn das jemand zu dir sagen würde?

Du kannst deine Gefühle äußern, indem du von dir selbst sprichst.
So kannst du Ärger und Wut vermeiden und den Streit besser klären.

4 Wie könnte der Junge seinen Ärger anders formulieren?

Ich bin traurig, weil ...

Ich bin verletzt, weil ...

Unsere Klassenregeln

A

B

1 Vergleiche die beiden Bilder. Was fällt dir auf?
Beschreibe die Unterschiede.

2 Was ist nicht in Ordnung? Welche Regel könnte helfen? Verbinde.

Das ist nicht in Ordnung:	Diese Regel könnte helfen:
Es liegt Müll auf dem Boden.	Wir sprechen freundlich miteinander.
Ein Schüler isst im Unterricht.	Wir halten unser Klassenzimmer sauber.
Eine Schülerin schreit einen Mitschüler an.	Wir essen und trinken in der Pause.
___	___

a) Was ist dir noch aufgefallen? Trage ein weiteres Beispiel in die Tabelle ein.

3 Erstellt gemeinsam ein Plakat für eure Klassenregeln.

Überleg dir vorher ...

a) Welche Regeln sind dir besonders wichtig für einen guten Unterricht?

Wir melden uns, wenn wir etwas sagen möchten.

b) Welche Regeln sind dir wichtig für die Pausen?

c) Was ist dir noch wichtig?

Es ist mir wichtig, dass ...

Aktiv: Die Klassensprecherwahl

▶ Audio

Eigenschaften und Fähigkeiten

Der Klassensprecher oder die Klassensprecherin hat wichtige Aufgaben.
Dazu gehört:

- die Klasse vertreten
- sich für die Wünsche und Bedürfnisse einsetzen
- Verantwortung in der Klasse übernehmen
- als gutes Vorbild vorangehen

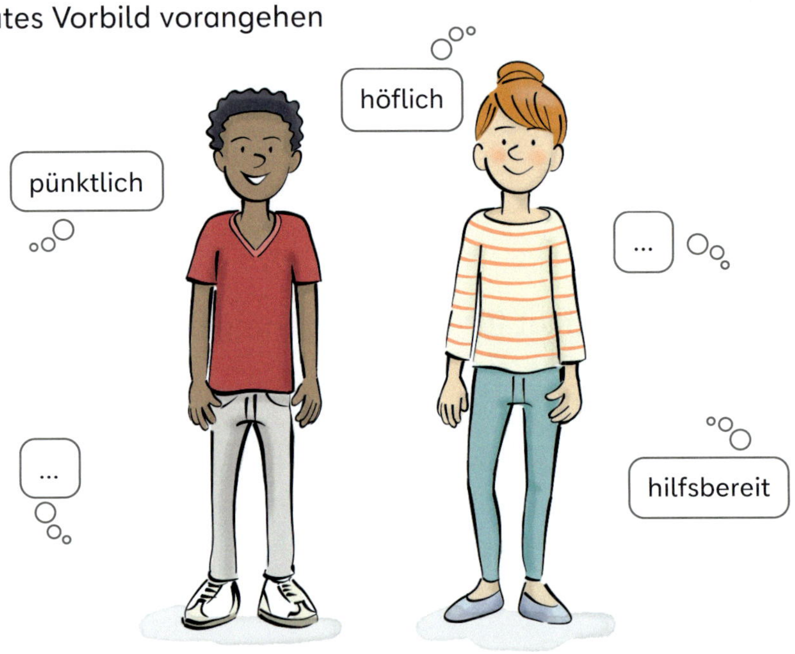

1 Welche Eigenschaften oder Fähigkeiten sollte ein Klassensprecher oder eine Klassensprecherin haben? Schreibe sie auf.

Wann ist eine Wahl demokratisch?
Eine Wahl muss immer allgemein, gleich, geheim und frei sein. Das bedeutet:
- **allgemein:** alle Schüler und Schülerinnen der Klasse haben ein Stimmrecht;
- **gleich:** jede Stimme zählt gleich viel;
- **geheim:** keiner darf sehen, was der andere angekreuzt oder auf den Zettel geschrieben hat;
- **frei:** keiner darf zu einer Wahl gezwungen werden, es ist freiwillig.

Methode: Eine Wahl durchführen

2 Führt selbst eine Wahl durch.

Eine Wahl durchführen

1. Schritt: Kandidaten aufstellen
- Wir sammeln Vorschläge für geeignete Personen.
- Wir fragen die Personen, ob sie sich zur Wahl aufstellen möchten.
- Wir schreiben die Namen der Personen an die Tafel.

2. Schritt: Die Wahl
- Jedes Klassenmitglied hat eine Stimme.
- Jedes Klassenmitglied wählt eine Person aus und schreibt den Namen der Person auf einen Zettel.

3. Schritt: Die Wahlergebnisse
- Wir sammeln die Zettel ein.
- Wir zählen die Stimmen.
- Wir machen eine Strichliste.

4. Schritt: Die Wahlergebnisse verkünden

Der Kandidat oder die Kandidatin mit den meisten Stimmen gewinnt die Wahl.
Die Person mit den zweitmeisten Stimmen übernimmt die Stellvertretung.
Zum Schluss fragen wir die beiden gewählten Personen, ob sie die Wahl annehmen.

Der Klassenrat

DER KLASSENRAT

Im Klassenrat sprecht ihr über wichtige Themen für die Klasse.
Ihr könnt andere **loben**, **Konflikte klären** oder **Wünsche ansprechen**.
Für den Klassenrat könnt ihr Themen in einem **Klassenbriefkasten** oder auf einer **Wandzeitung** sammeln.
Ihr organisiert den Klassenrat selbst.
Dazu verteilt ihr verschiedene Ämter.
Folgende **Ämter** benötigt ihr für einen Klassenrat:

- Wer übernimmt den Vorsitz?
- Wer achtet auf die Regeln?
- Wer achtet auf die Zeit?
- Wer schreibt wichtige Ergebnisse auf?

Ein Fall für den Klassenrat

▶ Der Lese-Profi Seite 92

Die Klasse 5b hat Anfang des Schuljahres den **Klassenrat** eingeführt. Hier wurden schon viele Themen besprochen und diskutiert. Am Anfang werden alle **Ämter verteilt**. Mia ist heute die **Vorsitzende** des Klassenrats. Sie nimmt sich einen Zettel aus dem **Klassenbriefkasten** und liest ihn vor. Lucas wünscht sich einen gemeinsamen Ausflug. Die Schülerinnen und Schüler haben **viele verschiedene Wünsche**. Alle **Ideen** werden **gesammelt** und aufgeschrieben. Die Mitglieder des Klassenrates werden sich schnell einig. Sie wollen einen Ausflug ins Kino machen.

Der Klassenrat

1 Was wird im Klassenrat besprochen?

2 Welche Ämter braucht ihr für den Klassenrat?
Welche Aufgabe gehört zu welchem Amt?
Verbinde.

Ämter
Vorsitz
Zeitwächter/Zeitwächterin
Regelwächter/Regelwächterin
Protokollant/Protokollantin

Aufgaben
... schreibt die Ergebnisse auf.
... achtet auf die vereinbarten Regeln.
... achtet auf die Zeit.
... leitet den Klassenrat.

3 Was spricht für einen gemeinsamen Ausflug ins Kino?
Was könnte gegen einen Ausflug ins Kino sprechen?
Sammelt Ideen und erstellt eine Liste.

Dafür	Dagegen
– etwas Besonderes	*– zu teuer*

4 Sammelt weitere Themen für euren Klassenrat in einem Klassenbriefkasten.

Das kann ich!

1 Wofür steht die Abkürzung AG?

2 Welche Klassenregeln gibt es in deiner Klasse?

3 Welche Klassenregeln sind dir besonders wichtig?
Schreibe 3 Regeln auf.

4 Was passt zusammen? Verbinde.

Ich melde mich, ...	... die Schülerinnen und Schüler ihre Wünsche äußern.
Der Klassensprecher/Die Klassensprecherin übernimmt ...	... wenn ich etwas sagen möchte.
Im Klassenrat können...	... respektvoll miteinander umzugehen.
Ich äußere meine Gefühle, indem ...	... Verantwortung für die Klasse.
Die gemeinsamen Regeln unterstützen die Klasse dabei, ...	... ich von mir selbst spreche.

Das kann ich!

5 Ergänze die Sätze mit den passenden Wörtern.

Unsere Klasse hat sich in diesem Schuljahr neu ____________________.
(gebildet/gesammelt)

Wir haben gemeinsam über ____________________ gesprochen.
(Songtexte/ Gesprächsregeln)

Besonders wichtig ist uns ____________________ zu werden.
(eine Klassengemeinschaft/ein Star)

Die Klassensprecherin oder der Klassensprecher ____________ die Klasse.
(vertritt/verfolgt)

Im Klassenrat können wir über unsere ____________ sprechen.
(Wünsche/Kleidung)

Nach und nach werden wir ____________________.
(ein Fußballverein/ein Team)

Meine Wörter

▶ Teste dich!

Nomen	Verben
die Arbeitsgemeinschaft	diskutieren
die Eigenschaft	vereinbaren
die Gesprächsregel	vorschlagen
die Klassenregel	besprechen
der Klassensprecher	wählen
die Klassensprecherin	
die Vertretung	
der Wahlgang	

Adjektive	Redemittel
einfühlsam	eine Diskussion führen
freundlich	einen Konflikt lösen
höflich	einen Klassensprecher/
pünktlich	eine Klassensprecherin wählen
respektvoll	einen Vorschlag machen
zuverlässig	sich an Klassenregeln halten
	ein Thema besprechen

Meine Familie, meine Freunde

Ich heiße Tim.
Ich wohne mit meinen **Eltern** und **Brüdern** in einer Wohnung.
Meine **Oma** wohnt auch bei uns.
Meine Brüder und ich teilen uns ein Zimmer.
Manchmal streiten wir uns.
Meine Eltern arbeiten beide und kommen erst abends nach Hause.

Hier seht ihr mich mit meinen **Freunden**.
Nach der Schule verabreden wir uns oft.
Manchmal sind wir bei uns zuhause und spielen auf unserer **Spielekonsole**.

Ich spiele Fußball in einem **Sportverein**.
Wir trainieren zweimal in der Woche.
Am **Wochenende** spielen wir gegen andere Mannschaften.
Einmal im Jahr fahren wir in ein **Trainingslager**.

1 Was habt ihr über Tim erfahren?
Wie verbringt er seine Freizeit?

Hallo, ich heiße Sira.
Ich wohne mit meinen **Eltern** und mit meinem **Bruder** in einem Haus.
Unsere Familie unternimmt oft etwas **gemeinsam**.

Hier seht ihr mich mit meinen **Freundinnen**.
Wir gehen gerne bummeln oder **Eis essen**.
Wir treffen uns manchmal bei einer von uns zuhause.
Dann **chatten** wir oder **hören Musik**.

Hier seht ihr mich mit meiner **Hip-Hop-Tanzgruppe**.
Das Training findet einmal pro Woche in unserem **Jugendzentrum** statt.

2 Was habt ihr über Sira erfahren?
Was macht sie in ihrer Freizeit?

3 Wie ist es bei euch?
- Mit wem verbringt ihr eure Freizeit?
- Was macht ihr gern in eurer Freizeit?

Familie im Wandel

**Du hast jetzt zwei Familien kennengelernt.
Es gibt aber auch andere Familienformen.**

Ich lebe mit meinen Müttern zusammen. Susanne ist meine leibliche Mutter. Sie hat Anita geheiratet.

Ich werde von meiner Mutter allein erzogen. Meine Eltern haben sich scheiden lassen. Mein Vater ist in eine andere Stadt gezogen.

Mein Vater hat nach der Scheidung wieder geheiratet.
Zusammen mit seiner neuen Frau hat er noch meine Stiefschwester bekommen.

Es gibt viele Formen des Zusammenlebens. In einigen Familien gibt es zwei Mütter oder zwei Väter. Das nennt man gleichgeschlechtliche Ehe. In diesen Beziehungen leben eigene Kinder oder es werden Kinder adoptiert.

Manchmal bleiben Elternteile auch allein. Sie kümmern sich dann allein um ihr Kind. Sie sind dann Alleinerziehende.

Nach einer Scheidung finden viele Menschen neue Partner. Manchmal heiraten sie wieder. Kinder von verschiedenen Eltern leben dann in einer Familie zusammen. Das nennt man Patchwork*-Familie.

* Patchwork (englisch): Aus Stücken zusammengesetzt

1 Welche Familienformen hast du kennengelernt?

2 Wer gehört zu deiner Familie?

▶ Video

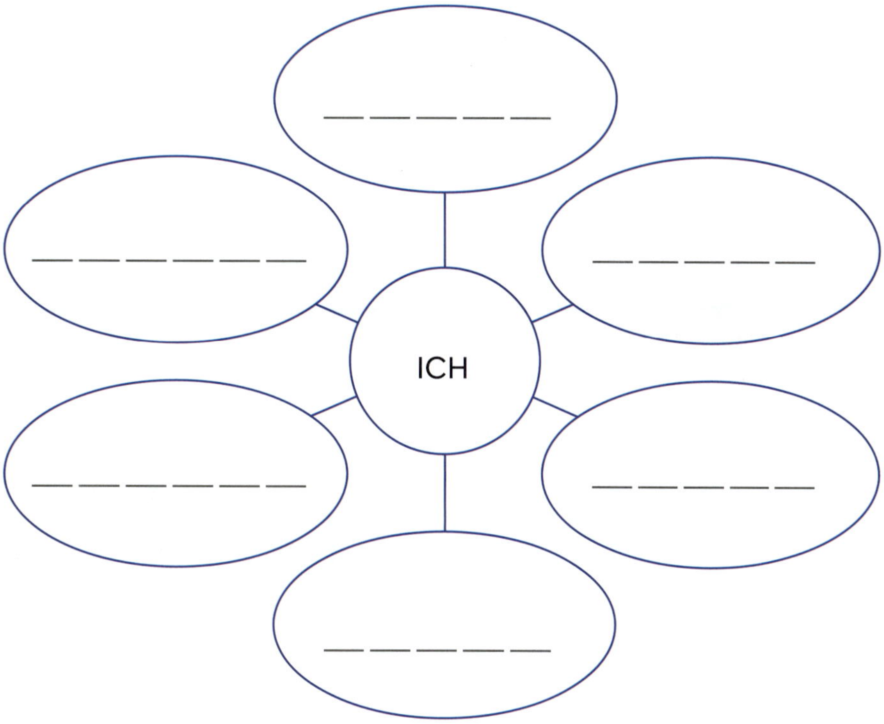

3 Ergänze die Sätze mit den passenden Wörtern.

→ adoptiert • allein- erziehend • gleich- geschlechtliche • Patchwork-Familie • Zusammenlebens

Seit einiger Zeit gibt es neue Formen des ______________________ in Familien.

Wenn eine Frau mit einer Frau zusammenlebt, nennt man das

eine ______________________ Beziehung.

In einigen Beziehungen werden Kinder ______________________.

Wenn Eltern ein Kind ohne Partner erziehen, nennt man sie ______________________.

Eine Familie, in der Kinder von verschiedenen Eltern zusammenleben,

nennt man ______________________.

4 In welcher Familienform lebst du?

▶ Quiz

Ich lebe in einer ______________________.

Familienleben und Freizeit

Die Familie von Sira unternimmt manches gemeinsam.

Es gibt aber auch Dinge, die sie getrennt machen.

Sira erzählt:

Ich bin gerne mit meiner Familie zusammen. Aber ich möchte mehr Zeit mit meinen Freundinnen verbringen. Wie soll das gehen? Am Wochenende haben wir oft Besuch, dann muss ich immer in der Küche mithelfen. Und in der Woche nach den Hausaufgaben bleibt es kaum noch Zeit, etwas zu unternehmen ...

1 Was macht die Familie von Sira gemeinsam?

2 Was machen die Mitglieder der Familie von Sira getrennt?

3 Wie ist das bei euch? Was macht eure Familie gemeinsam?

4 Wer bestimmt in deiner Familie, was ihr unternehmt?

5 Was würdest du in deiner Familie gerne unternehmen?

Ich würde gerne

Ich möchte

Ich denke, wir könnten

6 Wieviel Zeit verbringst du mit deiner Familie?
Wie viel Zeit verbringst du mit deinen Freunden?

Aufgaben in der Familie

Welche Wünsche und Aufgaben gibt es in einer Familie?

Wünsche | **Aufgaben**

Ich hätte gerne nach der Arbeit meine Ruhe.

Nach der Arbeit muss ich einkaufen, kochen, putzen, Hausaufgaben kontrollieren.

Ich möchte gerne meine Freundinnen einladen, mit ihnen erzählen und Schminke ausprobieren.

Ich muss Hausaufgaben machen, mein Zimmer aufräumen, den Tisch decken und den Müll rausbringen.

Ich möchte mit meiner Freundin allein sein.

Ich muss Wäsche waschen, bügeln, staubsaugen und Hausaufgaben machen.

Ich möchte mit meinen Legosteinen in meinem Zimmer spielen.

Ich muss manchmal den Tisch decken und mein Zimmer aufräumen.

1 Was möchtest du am Nachmittag nach der Schule machen?

Ich möchte gerne ______________________________

____

2 Was musst du am Nachmittag nach der Schule machen?

Ich muss ______________________________

____

3 Wer hat welche Aufgaben im Haushalt?

▶ Audio

Wer?	Was?

4 Welche Aufgaben hast du zu Hause?
Sind diese Aufgaben für dich in Ordnung? Kreuze an.

Aufgabe	☺	☹
Mein Zimmer aufräumen	☐	☐
	☐	☐
	☐	☐
	☐	☐

☆ **5** Wähle eine Aufgabe aus, die du nicht in Ordnung findest.
Was würdest du stattdessen lieber machen?
Sprich mit deinen Eltern über einen Tausch.

▶ Video

© UNICEF Deutschland

Das geht dich an!

Diese Rechte wurden für die Kinder und Jugendlichen unserer Welt geschrieben. Sie gelten für alle Kinder und Jugendlichen. Sie gelten auch für dich!

Was bedeuten diese Rechte für dich und dein Leben in deiner Familie? Wir schauen uns das Recht 5 genauer an:

> **„Recht auf freie Information und Beteiligung“**
>
> Das bedeutet:
> Über alle Dinge, die dich etwas angehen, sollten deine Eltern mit dir reden.
> Du darfst Fragen stellen, dich informieren und deine Meinung sagen.
> Deine Eltern sollten dir ernsthaft zuhören und ihre Entscheidungen erklären.

1 Was habt ihr über die Rechte der Kinder erfahren?

Kinder haben Rechte

2 Lest Recht 5 laut vor:

> **„Recht auf Information und Beteiligung“**

3 Zu welchem Thema in der Familie willst du deine Meinung sagen?

Mein Taschengeld

4 Lest Recht 6 laut vor:

> **„Recht auf Schutz vor Gewalt und Privatsphäre“**

5 Was bedeutet das für dich? Kreuze an:

- ☐ Ich darf nicht geschlagen werden.
- ☐ Ich darf nicht zur Arbeit gezwungen werden.
- ☐ Ich darf nicht missachtet werden.

6 Welches Kinderrecht passt zu den Bildern?
Trage die Nummern ein.

▶ Quiz

Konflikte in der Familie

Wir gehören zusammen – auch wenn wir uns streiten?

▶ Audio

Du hast mir gar nichts zu sagen!

Du nervst!

Räum sofort dein Zimmer auf!

Du hast eine Woche Hausarrest!

Du hörst mir nie zu!

Das ist die Familie von Sira.
Die Mutter hat eben mit ihrer Schwester telefoniert.

1 Seht euch das Bild an.
Lest, was in den Sprechblasen steht.

2 Lest die Sätze in den Sprechblasen mit verteilten Rollen vor.

In einem Rollenspiel könnt ihr die Situation nachspielen.

Ein Rollenspiel planen und durchführen

Entscheidet, wer welche Person spielt.
Überlegt gemeinsam:
- Was denkt die Person?
- Was tut die Person?
- Was sagt die Person?

Macht euch zu jeder Person Notizen.
Besprecht miteinander, wie ihr spielen wollt.
Führt dann das Rollenspiel vor.

3 Denk nach und schreibe auf. Was meinst du?

a) Wie hat sich Sira gefühlt?

____

b) Wie hat sich Siras Bruder gefühlt?

____

c) Wie hat sich der Vater gefühlt?

____

d) Wie hat sich die Mutter am Ende gefühlt?

____

4 Welche Lösung habt ihr gefunden?

____

____

☺ Das kann ich!

1 Ordne die Kinderrechte den Bildern zu.
Trage die passenden Nummern in die Kästchen ein.

- ☐ Recht auf Gleichheit
- ☐ Recht auf Gesundheit
- ☐ Recht auf Spiel und Freizeit
- ☐ Recht auf Bildung
- ☐ Recht auf freie Meinungsäußerung
- ☐ Recht auf gewaltfreie Erziehung
- ☐ Recht auf Schutz im Krieg
- ☐ Recht auf Schutz vor Ausbeutung
- ☐ Recht auf elterliche Fürsorge
- ☐ Recht auf Betreuung bei Behinderung

①

②

③

④

⑤

⑥
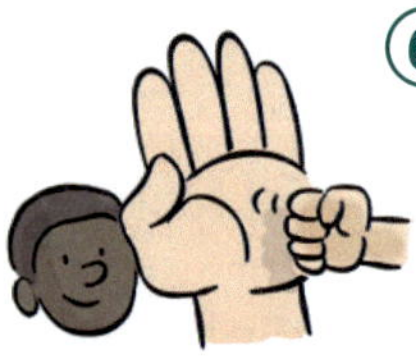

⑦

⑧

⑨

⑩

2 Welches Kinderrecht wurde hier verletzt?
Verbinde.

Recht auf...	
Shaikat (10 Jahre) muss täglich hart arbeiten. •	• ... Gesundheit
Tara (5 Jahre) bekommt zu wenig zu essen. •	• ... Schutz vor Ausbeutung
Miriam (12 Jahre) darf nicht zur Schule gehen. •	• ... elterliche Fürsorge
Juan (8 Jahre) bekommt keine Impfung. •	• ... Bildung

Das kann ich!

3 Stimmt der Satz oder stimmt er nicht?
Kreuze an.

	ja	nein
Es gibt viele Formen des Zusammenlebens in Familien.	☐	☐
Auch ein Vater kann alleinerziehend sein.	☐	☐
In einer Patchwork-Familie leben nur adoptierte Kinder.	☐	☐
In gleichgeschlechtlichen Beziehungen gibt es keine Kinder.	☐	☐
Alle Kinder haben das Recht auf eine gewaltfreie Erziehung.	☐	☐

Meine Wörter

▶ Teste dich!

Nomen	Verben
das Familienleben die Mutter / der Vater (die Eltern) die Schwester / der Bruder die Großmutter / der Großvater der Freund, die Freunde die Freundin, die Freundinnen die Freizeit der Konflikt das Recht, die Rechte die Pflicht, die Pflichten	sich verabreden, sich treffen sich streiten bummeln tanzen spielen aufräumen fühlen einen Konflikt lösen eine Meinung äußern eine Aufgabe übernehmen
Adjektive	**Redemittel**
gemeinsam allein, getrennt frei, freiwillig	etwas gemeinsam unternehmen, Recht auf etwas haben (Kinder haben Recht auf ...)

Leben in der Gemeinschaft

Mein Umfeld – Mit wem habe ich zu tun?

1 Tim hat mit vielen Personen zu tun.
2 In der Familie sind das seine Eltern, seine Brüder und seine Oma.
3 In der Schule sind es die Lehrer und seine Mitschüler.
4 In der Freizeit sind das seine Freunde und die Fußballmannschaft.

Das Umfeld von Tim kann man so darstellen:

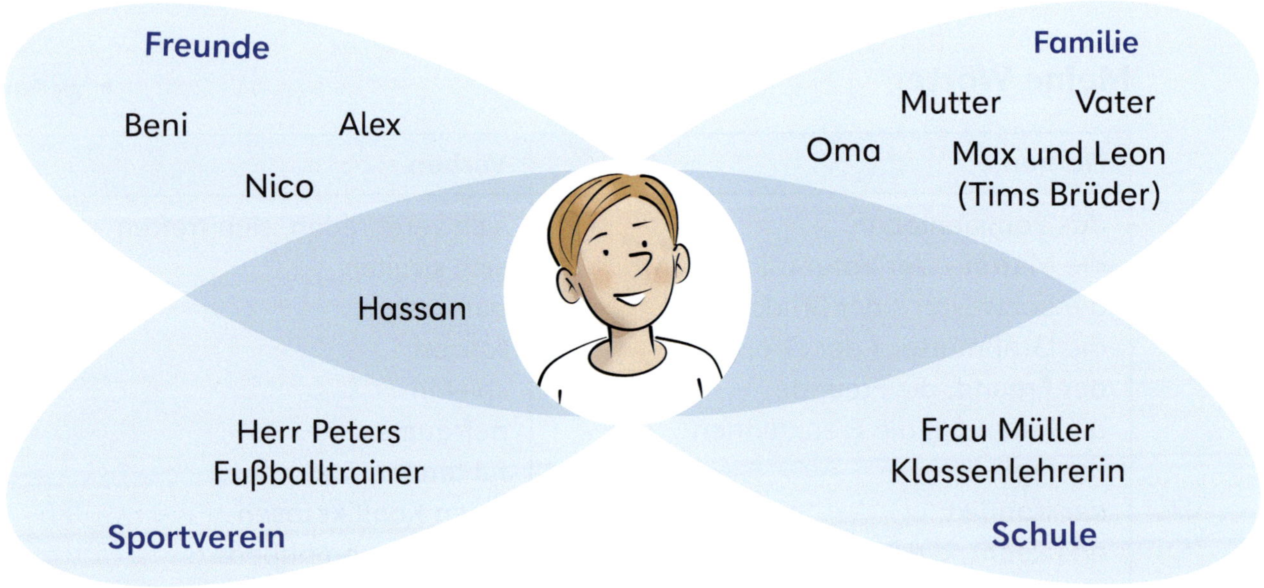

Diese Personen sind für Tim unterschiedlich bedeutsam:

Mein Freund Hassan hat oft die gleiche Meinung wie ich. Wir besprechen auch Dinge, die sonst niemand weiß.

Meine Mutter und ich streiten öfter, wenn ich mein Zimmer nicht aufräume. Meine Kleidung gefällt ihr oft nicht. Trotzdem ist mir ihre Meinung wichtig.

Unseren Fußballtrainer Herr Peters mag ich sehr. Er kann sehr gut Fußball spielen. Manchmal schimpft er aber auch mit uns, wenn wir uns nicht an die Regeln halten.

Unsere Klassenlehrerin Frau Müller achtet darauf, dass in der Klasse alles gerecht zugeht. Ihr ist wichtig, dass wir lernen, gemeinsam Entscheidungen zu treffen.

Mein Umfeld – Mit wem habe ich zu tun?

1 Überlege, mit welchen Personen du zu tun hast.
Trage in das Schaubild ein.

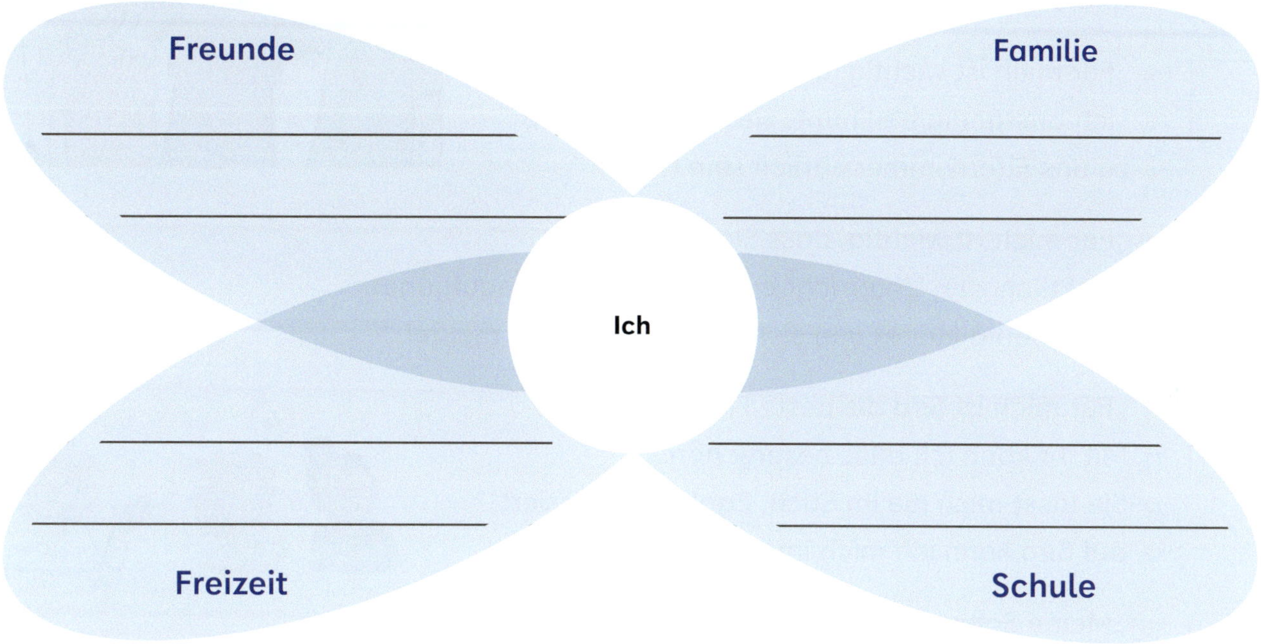

Mit den Personen in deinem Umfeld besprichst du, was für dich wichtig ist. Oft kannst du mitbestimmen oder ihr trefft gemeinsam eine Entscheidung.

2 Was kannst du in deinem Umfeld mitbestimmen? Wähle aus und bilde Sätze wie im Beispiel.

Mit meinen Eltern kann ich meine Aufgaben im Haushalt besprechen.

Mit meinen Eltern kann ich …		meine Aufgaben im Haushalt	
Mit meinen Freunden/ Freundinnen kann ich …		unsere Klassenregeln	besprechen.
In der Klasse können wir … In der Schule können wir …	(über)	unser Treffen am Wochenende	mitbestimmen.
In meiner Freizeit kann ich …		den Trainingsplan	entscheiden.
In dem Sportverein kann ich …		unser Urlaubsziel	

Was wird von mir erwartet?

**Sira hat auch mit verschiedenen Personen zu tun.
Diese Personen haben unterschiedliche Erwartungen an sie.**

Verschiedene Erwartungen

☐ „Für mich ist wichtig, dass meine Tochter in die Schule geht, ihren Abschluss macht und anschließend eine Lehrstelle findet."

☐ „Für mich ist wichtig, dass meine Tochter sich anständig benimmt. Sie soll fleißig und zu uns Eltern immer ehrlich sein."

☐ „Für mich ist wichtig, dass Sira jeden Tag pünktlich zum Unterricht erscheint, ihre Hausaufgaben regelmäßig macht und sich im Unterricht oft meldet."

☐ „Für mich ist Sira die beste Freundin. Mit ihr kann ich alles besprechen. Sie lässt mich nie im Stich. Egal, was passiert, auf Sira kann ich mich immer verlassen."

☐ „Meine Schwester soll mich mal in Ruhe lassen. Sie mischt sich immer ein, egal was ich tue. Tut so, als wäre sie meine Mutter. Und wenn sie Süßigkeiten bekommt, gibt mir nie etwas ab."

1 Wer könnte das gesagt haben? Trage die passenden Nummern ein.

2 Welche Erwartungen kommen von den Erwachsenen?

Nummer: ______________________

3 Welche Erwartungen kommen von Gleichaltrigen?

Nummer: ______________________

4 Wie kann Sira all diesen Erwartungen entsprechen?
Sprecht darüber in der Klasse.

Was wird von mir erwartet?

Du hast sicher auch mit vielen verschiedenen Personen zu tun.

5 Finde heraus: Welche Erwartungen haben diese Personen an dich?
Befrage deine Eltern, deine Lehrer, deine Freunde und weitere Personen, mit denen du zu tun hast.

Meine Eltern erwarten von mir ______________________

Meine Lehrer erwarten von mir ______________________

Meine Freunde erwarten von mir ______________________

Andere Personen erwarten ______________________

6 Wie findest du diese Erwartungen?
Was denkst du, kannst du diesen Erwartungen entsprechen?
Rede darüber mit deinen Eltern oder mit deinen Freunden.

Mitbestimmen in der Schule

1 Für welches Ziel entscheidet sich die Klasse?

Wir entscheiden gemeinsam

▶ Der Lese-Profi Seite 92

Die Klasse 6b plant einen Ausflug. Die Schülerinnen und Schüler dürfen **Vorschläge machen**. Frau Müller hat die Ausflugsziele an die Tafel geschrieben. Zum Schluss wird die Klasse **abstimmen**, wohin der Ausflug gehen soll.

Demokratie bedeutet, dass jede und jeder in der Klasse **mitbestimmen** kann. Jede Schülerin und jeder Schüler darf eine Stimme abgeben. Es ist egal, ob du ein Mädchen oder ein Junge bist. Es ist auch egal, ob du in Deutschland oder einem anderen Land geboren bist. Es ist auch nicht wichtig, ob du eine Behinderung hast oder nicht.

Zum Schluss werden die Stimmen ausgezählt. Die **Mehrheit entscheidet**. Die Klasse hat gemeinsam eine Entscheidung getroffen. Es ist wichtig, dass diese Entscheidung von allen angenommen wird.

2 Welche anderen Wahlen in deiner Schule kennst du noch?

____.

3 Gibt es noch weitere Themen in deiner Klasse / an deiner Schule, worüber ihr abstimmen könnt?

____.

4 Ordne die Begriffe zu:

→ diskutieren • abstimmen • vorschlagen • Mehrheit

Wir können verschiedenen Ziele

______________________ .

Dann ______________________ wir darüber, was wir wollen.

Jetzt können wir über das Ziel

______________________ .

Wir fahren dahin, wofür sich die

______________________ entscheidet.

An jeder Schule gibt es eine Schülervertretung (SV) oder Schülermitverantwortung (SMV). Ihr könnt euch über die Arbeit der Schülervertretung informieren.

5 Was würdest du von der Schülervertreterin / vom Schülervertreter fragen? Schreibe deine Fragen hier auf.

→ wie man Schülersprecher wird • wer unser Vertrauenslehrer/in ist • an wen kann ich mich wenden, wenn ich einen Streit habe ...

Ich möchte gerne wissen

Mitwirkung in der Gemeinde

Eine Skaterbahn im Wohngebiet?

Emil, Lukas und Lea treffen sich im Stadtpark.
Sie unterhalten sich.

Hier gibt es nichts, was wir tun können. Die Spielplätze sind für Kleinkinder. Wir langweilen uns jeden Tag.

Wir brauchen eine **Skaterbahn**. Das wäre toll! Skateboard fahren macht Spaß.

Ich kenne die **Bürgermeisterin**. Wir könnten sie ansprechen.

Die Bürgermeisterin hat jeden Dienstag **Sprechstunde**.
Emil, Lukas und Lea haben einen Termin bei ihr.

Eine Skaterbahn?
Das ist eine gute Idee.
Ich werde das dem **Gemeinderat** vorschlagen.

Die Bürgermeisterin stellt die Idee dem Gemeinderat vor.
Die **Abgeordneten** sagen ihre Meinung dazu.

Wir sind dafür.
Wir wollen etwas für die Jugendlichen in unserer Gemeinde tun.

Die Idee ist gut.
Aber wir müssen erstmal klären, wieviel das kostet.

1 Was ist aus der Idee der drei Jugendlichen geworden?

Der Beschluss

Der **Jugendausschuss** bespricht die Idee.
Es wird geklärt, ob die Skaterbahn gebaut werden kann.

Der Bau einer Skaterbahn wird diskutiert.
In der nächsten Sitzung kann der Gemeinderat abstimmen.

Der Bau der Skaterbahn wurde beschlossen. Alle stimmten dafür.
Nach dem Beschluss im Gemeinderat treffen sich die Jugendlichen wieder.

2 Wie fühlen sich die Jugendlichen? Was haben sie erreicht?
Beschrifte die Sprechblasen.

____

____

____

____

Wer bestimmt in einer Gemeinde?

1 Wende die Schritte vom Lese-Profi an.

So wird eine Gemeinde geleitet

▶ Der Lese-Profi
Seite 92

Frau Jürgens ist die **Bürgermeisterin** der Stadt. Sie steht an der Spitze der Gemeinde. Ihr Arbeitsplatz ist **das Rathaus**. Sie gehört einer politischen Partei an. Frau Jürgens leitet den **Gemeinderat**.

Der Gemeinderat stimmt über wichtige Angelegenheiten ab. Er bestimmt, was in einer Gemeinde geschieht. In einer Stadt wird der Gemeinderat auch Stadtrat genannt. Die Mitglieder des Gemeinderats gehören meistens einer politischen Partei an.

Die Bürger der Gemeinde wählen die Mitglieder des Gemeinderates und den Bürgermeister. Die Wahlen in der Gemeinde heißen **Kommunalwahlen**.

An den Kommunalwahlen darf man in den einigen Bundesländern ab 16 Jahren teilnehmen. In anderen Bundesländern geht das erst mit 18 Jahren.

Die Bürger können auch direkt über wichtige Angelegenheiten abstimmen. So eine Abstimmung nennt man **Bürgerentscheid**.

2 Was habt ihr über die Leitung der Gemeinde erfahren?

3 Trage die passenden Wörter in das Schaubild ein.

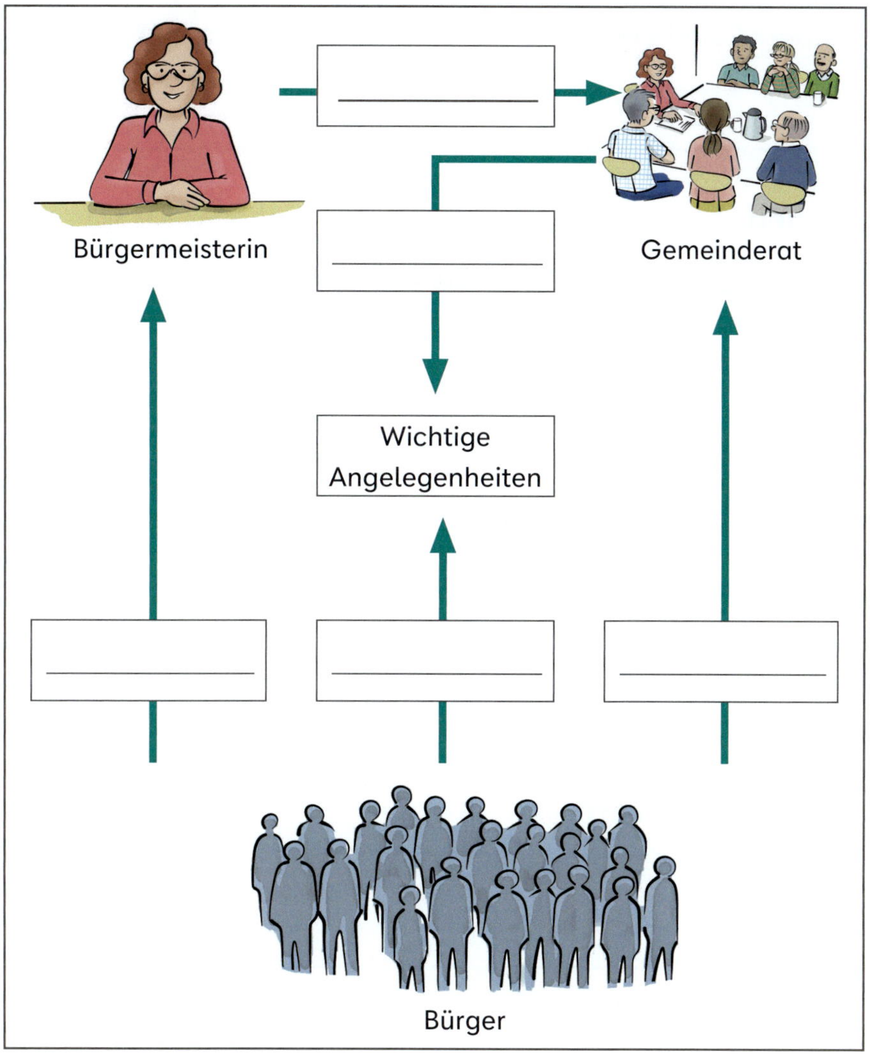

→
- leitet
- stimmt ab
- stimmen ab
- wählen
- wählen

▶ Quiz

4 Finde heraus:
Wer ist bei euch der Bürgermeister oder die Bürgermeisterin?

Name: ____________________

Er/sie ist Mitglied der Partei: ____________________

5 Ergänze die Sätze:

Unser Bundesland heißt ____________________

Hier darf man an den Kommunalwahlen teilnehmen, wenn man ______ Jahre alt ist.

Aktiv: Meine Gemeinde – ich mach mit!

Sicher gibt es auch in eurer Umgebung Dinge, die ihr für eure Gemeinde tun könnt.
Vielleicht müssen bestimmte Dinge ausgebessert werden.
Liegt viel Müll im Stadtpark? Sind die Bänke auf dem Spielplatz kaputt?
Es gibt viel zu tun.

So könnt ihr vorgehen:

1. Überlegt, wo in der Nähe eurer Schule etwas zu finden ist, was ihr für die Gemeinde erledigen könnt. Macht einen Plan, wie ihr dort hinkommt und was zu tun ist.
2. Sucht den Ort auf. Vielleicht findet ihr auf dem Weg noch etwas, was erledigt werden kann.
3. Fotografiert und schreibt auf, was zu tun ist.
4. Wenn ihr etwas gefunden habt, was dringend erledigt werden muss:
   - Besprecht in der Klasse, was ihr tun könnt.
   - Klärt mit der Gemeinde, ob ihr reinigen oder reparieren dürft.
5. Stellt einen Arbeitsplan auf:
   a) Wer macht was?
   b) Wen könnt ihr um Hilfe bitten?
   c) Wer besorgt die Werkzeuge oder andere notwendige Dinge für euch?
6. Führt die Arbeit gemeinsam aus.

Hier seht ihr einige Beispiele:

Aktiv: Meine Gemeinde – ich mache mit!

Warum arbeiten auch junge Menschen in einem Ehrenamt?

Ein Ehrenamt ist eine Tätigkeit für die Gemeinschaft. Es wird in der Freizeit ausgeübt und es gibt kein Geld dafür. Es gibt Angebote auch für junge Menschen.

Kim (12 Jahre) ist Mitglied bei der Jugendfeuerwehr. Sie erzählt:

„Mein großer Bruder und mein Vater sind bei der **freiwilligen Feuerwehr**. Klar, dass ich auch bei den großen **Veranstaltungen** immer dabei war. Und es hat mir **sehr gut gefallen**. Ich war **10 Jahre alt**, als ich beigetreten bin. Wir lernen viel darüber, wie ein Feuer entsteht und wie es gelöscht werden kann. Aber bei einem richtigen Einsatz sind wir nicht dabei. Wir **trainieren**, was man in einem **Notfall** tun muss. Zur Ausbildung gehört auch, wie man bei einem Brandfall **Erste Hilfe** leistet. Am besten gefällt mir der **Sommerlager**, das macht echt Spaß!“

Malik (13 Jahre) ist bei einem Greenteam. Er erzählt: ▶ Audio

„Ein Freund von mir hat mich angesprochen, ob ich auch mitmachen will. Wir **organisieren Aktionen** für den **Umweltschutz**. Es geht dabei nicht nur um Proteste und Plakate. Wir gehen in den Stadtpark, **sammeln Müll ein** oder **pflanzen Bäume**. Es macht Spaß, etwas Gutes für die Natur zu tun!“

1 Was habt ihr über ehrenamtliche Tätigkeiten erfahren?

☆ **2** Welche Möglichkeiten gibt es in deinem Wohnort, wo könntest du mitmachen? Informiere dich im Rathaus vor Ort oder im Internet.

Das kann ich!

1 Setze die passenden Wörter in das Schaubild ein.

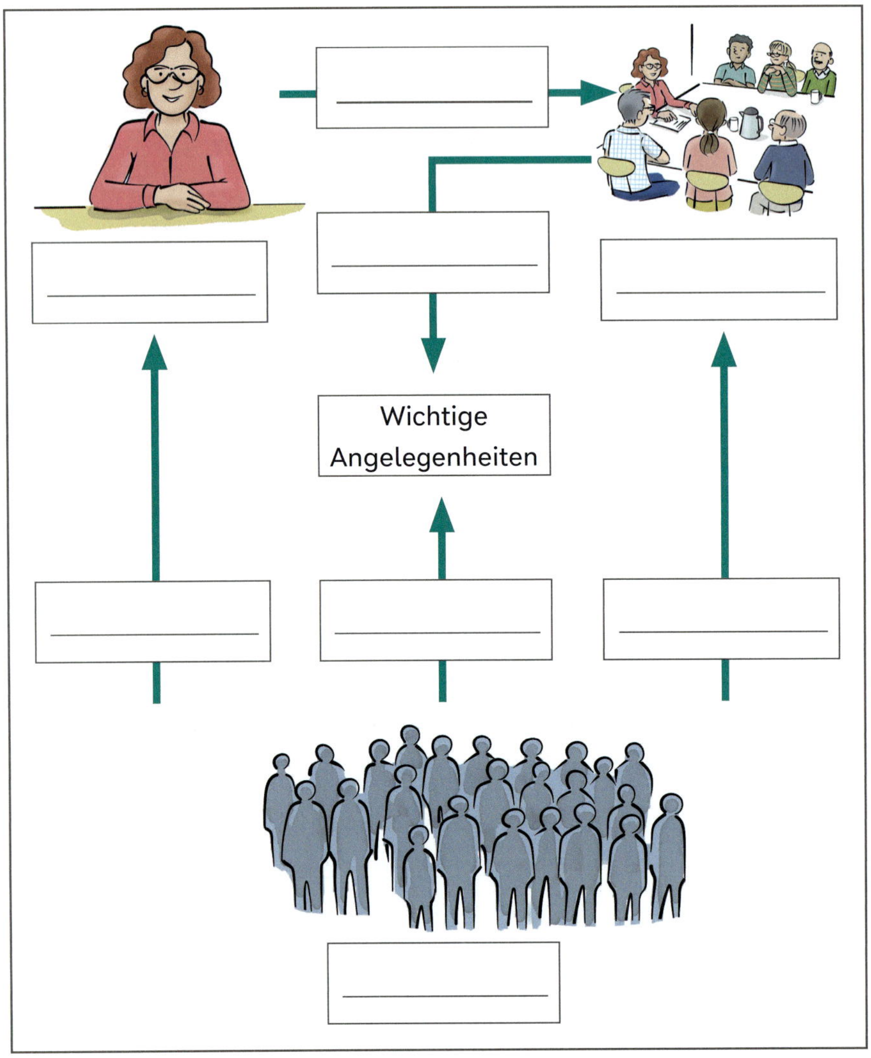

→
- Bürger
- Bürgermeiste-rin
- Gemeinderat

- leitet
- stimmt ab
- stimmen ab
- wählen
- wählen

2 Ordne die Sätze in die richtige Reihenfolge. Nummeriere sie.

☐ Die Bürgermeisterin informiert den Gemeinderat.

☐ Die Jugendlichen haben eine Idee: Sie wollen eine Skaterbahn.

☐ Der Gemeinderat stimmt ab.

☐ Die Jugendlichen sprechen mit dem Bürgermeister über ihre Idee.

☐ Die Jugendlichen freuen sich, dass die Skaterbahn wirklich gebaut wird.

Das kann ich!

3 Einige Dinge darfst du in der Schule mitentscheiden.
Andere musst du tun.
Vervollständige die Sätze mit „dürfen“ oder „müssen“.

Wir ______________________ pünktlich sein.

Wir ______________________ das Ziel des Ausflugs bestimmen.

Wir ______________________ die Klassenregeln mitbestimmen.

Wir ______________________ uns an die Klassenregeln halten.

Wir ______________________ Hausaufgaben machen.

Wir ______________________ einen Klassensprecher / eine Klassensprecherin wählen.

Wir ______________________ entscheiden, welche AG wir am Nachmittag besuchen.

Meine Wörter

▶ Teste dich!

Nomen	Verben
die Eltern, die Familie der Lehrer / die Lehrerin der Mitschüler / die Mitschülerin die Freunde die Fußballmannschaft die Demokratie die Abstimmung, die Wahl die Mehrheit, die Minderheit das Mitglied die Gemeinde der Gemeinderat das Ehrenamt der Stadtrat / die Stadträtin der/die Abgeordnete der Bürgermeister / die Bürgermeisterin	sich verabreden (sich) streiten besprechen diskutieren wählen abstimmen informieren

Adjektive	Redemittel
demokratisch politisch gerecht ehrenamtlich	eine Stimme abgeben eine Entscheidung treffen sich für etwas einsetzen ehrenamtlich tätig sein

Du bist einmalig – jeder ist anders!

Merhaba! Adım Murat.
Ben Türküm.

Hallo!
Ich heiβe Lisa.
Ich komme aus Deutschland.

Привіт! Мене звати Олена.
Я з України.*
* gesprochen: Pryvit! Mene zvaty Olena. Ya z Ukrayiny.

Hello, my name is Ravi.
I am from India. I speak English.

Wir leben alle in Deutschland.
Wir wohnen in der gleichen Stadt.
Wir besuchen alle die gleiche Schule.
Wir gehen alle in die gleiche Klasse.

1 Wie heißt du? Woher kommst du?

a) Klebe hier ein Foto von dir ein oder male ein Bild von dir.
b) Stelle dich in der Sprechblase vor.

Murat, Lisa, Olena und Ravi gehen in die gleiche Klasse.
Murat spricht Türkisch, Olena spricht Ukrainisch. Ravi spricht Englisch.

2 Wie ist es bei euch in der Klasse?

In unserer Klasse sind Schülerinnen und Schüler.
Wir können „Hallo“ auf verschiedenen Sprachen sagen:

„Hallo“ heißt auf **Englisch**: ______

„Hallo“ heißt auf **Türkisch**: ______

„Hallo“ heißt auf ______ : ______

„Hallo“ heißt auf ______ : ______

„Hallo“ heißt auf ______ : ______

„Hallo“ heißt auf ______ : ______

Dazugehören

1 Die Schülerinnen und Schüler lernen gemeinsam.
Was könnten sie noch zusammen unternehmen?

Olena ist seit einem Jahr an dieser Schule.

▶ Der Lese-Profi
Seite 92

Sie erzählt:

„Als ich **am ersten Tag** in der Schule war, hatte ich **Angst**. Ich habe gedacht, dass ich niemals Deutsch sprechen werde. Im Matheunterricht war ich sehr aufgeregt. Ich **verstand kein Wort**. Da hat die Lehrerin die Aufgabe an die Tafel geschrieben. Die Aufgabe konnte ich lesen und lösen. Die anderen haben mich gefragt, wie ich das gemacht habe. Da konnte ich nichts sagen. Im Deutschunterricht war es noch schlimmer. Ich saß einfach nur da, **konnte** aber **nicht mitreden**. Jetzt verstehe ich fast alles und **spreche** ein bisschen **besser**. Ich habe nun auch **viele Freunde**, die mich verstehen."

2 Was hat Olena am Anfang in der Schule erlebt?
Wie fühlt sie sich jetzt in der Klasse?

3 Vielleicht war schon jemand aus eurer Klasse im Ausland.
Was kann helfen, wenn man eine fremde Sprache nicht versteht?

Die Klasse plant einen Wandertag.

4 Überlege und kreuze an: Welche Aktionen könnten die meisten Kinder aus der Klasse mitmachen? Welche Aktionen sind nicht so gut geeignet?

Aktionen	gut geeignet ☺	nicht so gut geeignet ☹
ins Schwimmbad gehen	☐	☐
Ballspiele im Park	☐	☐
in eine Kletterhalle gehen	☐	☐
Eis essen gehen	☐	☐
eine Fahrradtour machen	☐	☐

5 Wähle eine Aktion aus und begründe, warum diese gut geeignet ist.

____

____

Die Klasse hat sich für Ballspiele im Park entschieden.
Danach waren sie gemeinsam Eis essen.

6 Wie heißt „Eis“ in deiner Sprache? Welche Wörter für Eis kennst du?

Eis heißt auf **Englisch**: ______________

Eis heißt auf **Ukrainisch**: ______________

Eis heißt auf ______________: ______________

Eis heißt auf ______________: ______________

Eis heißt auf ______________: ______________

Religionen bei uns

→ die Bibel
der Koran
die Tora

Viele Menschen in Deutschland gehören dem Christentum, dem Judentum oder dem Islam an. Wir stellen diese drei Weltreligionen vor.

Christentum

▶ Der Lese-Profi Seite 92

Jesus Christus lebte vor etwa 2000 Jahren. Die Menschen, die an ihn glauben, nennen wir **Christen**. Die Heilige Schrift der Christen ist die **Bibel**. Die Bibel beinhaltet viele Geschichten über Jesus und seine Taten. Der Feiertag der Christen ist **Sonntag**. Christen gehen sonntags in die **Kirche** und feiern Gottesdienst.

Judentum

Nach dem jüdischen Glauben hat **Mose** am Berg Sinai (in Ägypten) die gesamte Tora von Gott erhalten. Die **Tora** ist die Heilige Schrift der Juden. Hier ist der Bund beschrieben, den Gott mit dem jüdischen Volk geschlossen hat. Die **Juden** feiern jeden **Samstag** den Schabbat. Gläubige Juden gehen in die **Synagoge** und beten dort.

Islam

Mohammed ist der Begründer des **Islam**. Er lebte von 570 bis 632 nach Christus. Die Menschen mit islamischem Glauben nennt man **Muslime**. Die Heilige Schrift der Muslime heißt **Koran**. Der Gott heißt **Allah**. Im Koran stehen **viele Regeln** über das Zusammenleben der Menschen. Der Feiertag der Muslime ist **Freitag**. Muslime gehen freitags in die **Moschee**. Die Männer und die Frauen beten getrennt.

1 Was habt ihr über die drei Weltreligionen erfahren?

▶ Quiz

2 Fülle die Steckbriefe aus.

Christentum

Begründer: ______________________________

Heilige Schrift: ______________________________

Gotteshaus: ______________________________

Feiertag in der Woche: ______________________________

Judentum

Begründer: ______________________________

Heilige Schrift: ______________________________

Gotteshaus: ______________________________

Feiertag in der Woche: ______________________________

Islam

Begründer: ______________________________

Heilige Schrift: ______________________________

Gotteshaus: ______________________________

Feiertag in der Woche: ______________________________

3 Welche religiösen Gemeinschaften gibt es in deinem Wohnort?
Informiere dich im Internet.

Wir feiern gemeinsam – Feste im Herbst

Es gibt Feste, die einen kirchlichen Hintergrund haben.
Es gibt auch Feste, die aus anderen Kulturen kommen.

1 Ordne die Bildnummer den Festen zu.

1

2

3

Das Erntedankfest

☐

Das Erntedankfest ist ein Fest, das nach der Ernte im Herbst gefeiert wird. Die Menschen danken Gott für die gute Ernte. An diesem Tag spenden die Menschen als Erntedank in vielen Kirchen Obst und Gemüse. Die Kirche verteilt die Lebensmittel an Leute, die nicht so viel zu essen haben.

Halloween

☐

Halloween ist ein Fest, das aus Amerika kommt. In Deutschland wird es erst seit einigen Jahren gefeiert. Halloween ist in Deutschland also kein altes Fest. Es wird am 31. Oktober am Abend gefeiert. Die Kinder schnitzen Kürbisse, die mit einer Kerze beleuchtet werden. Diese Kürbisköpfe sollen die Familie vor den bösen Geistern schützen. Die Kinder verkleiden sich oft als Hexen oder Geister.

Sankt Martin

* Sankt Martin = heiliger Martin

☐

Sankt Martin wird am 11. November gefeiert. Kinder ziehen mit ihren gebastelten Laternen durch die Straßen und singen Martinslieder. Diese Feier findet zu Ehren von Sankt Martin statt: Martin war ein römischer Soldat, der einem armen, frierenden Mann seinen halben Mantel gab. Dadurch wurde er zu einem Heiligen: Sankt Martin.

Im Herbst liegen viele Feste und Feiertage.
Je nachdem, wo du in Deutschland wohnst, sind einige Feiertage mehr, andere weniger bekannt.

2 Wie heißen diese Feste oder Feiertage?
Die Geheimschrift hilft dir dabei:

Ende September/ Anfang Oktober feiern wir ein Fest, an dem die Christen Gott für eine gelungene Ernte danken.

Das Fest heißt

E	_	_	_	_	_	_	_	_	_	_	_	_
5	18	14	20	5	4	1	14	11	6	5	19	20

. ☐

Am 3. Oktober wird seit 1990 ein deutscher Gedenk-Tag gefeiert.

Dieser Tag heißt

T	_	_	D	_	_
20	1	7	4	5	18

D	_	_	_	_	_	_	_	_	E	_	_	_	_	_	_
4	5	21	20	19	3	8	5	14	5	9	14	8	5	9	20

. ☐

Am 31. Oktober werden zwei Feste gefeiert: Die evangelische Kirche feiert Martin Luther, der vieles in der Kirche erneuert („reformiert") hat. Daher heißt der Tag

R	_	_	_	_	_	_	_	_	_	_	_	_	_	_
18	5	6	15	18	13	1	20	9	15	14	19	20	1	7

. ☐

Besonders Kinder und Jugendliche feiern am 31. Oktober gerne auch ein Gruselfest:

H	_	_	_	_	_	_	_	_
8	1	12	12	15	23	5	5	14

. ☐

Am 1. November feiert die Kirche ein Fest, an dem an alle Heiligen gedacht wird. Es heißt daher

A	_	_	_	_	_	_	_	_	_	_	_	_
1	12	12	5	18	8	5	9	12	9	7	5	14

. ☐

Und am 11. November wird in vielen Gegenden mit Laternen und vielen Liedern

S	_	_	_	_	M	_	_	_	_	_
19	1	14	11	20	13	1	18	20	9	14

gefeiert. ☐

3 Welches dieser Feste hast du schon einmal gefeiert?
Mache ein Kreuz daneben.

1	A
2	B
3	C
4	D
5	E
6	F
7	G
8	H
9	I
10	J
11	K
12	L
13	M
14	N
15	O
16	P
17	Q
18	R
19	S
20	T
21	U
22	V
23	W
24	X
25	Y
26	Z

Feste im Winter

Ende November, Anfang Dezember wird es feierlich:
Die Adventszeit beginnt. „Advent“ bedeutet eigentlich „Ankunft“.
Die Christen erwarten die Ankunft von Jesus.
An Weihnachten wird seine Geburt gefeiert.
An den vier Sonntagen vor Weihnachten feiern Christen den Advent.

1 Was bedeutet das Wort „Advent“?

2 Was wird im Advent gefeiert?

3 Was wird an Weihnachten gefeiert?

4 In welchem Monat wird Weihnachten gefeiert?

5 Was passiert bei euch zu Hause in der Adventszeit und an Weihnachten?

6 Vor Weihnachten und nach Weihnachten – was hat sich verändert?
Male die Unterschiede aus.

Am 6. Dezember wird in vielen Ländern Nikolaus gefeiert.

7 Male den Nikolaus aus.

Mein Name ist **Nikolaus von Myra**.
Meine Heimatstadt liegt in der heutigen Türkei.
Ich war vor 1700 Jahren ein **Bischof**.
Ich habe mich immer für die Kinder eingesetzt und ihnen geholfen. Deshalb bin ich auch der **Schutzpatron* der Kinder**.
Am **Abend** vor dem Nikolaustag stellen viele Kinder ihre **Schuhe vor die Tür**.
Sie hoffen, dass sie mit **Süßigkeiten** gefüllt werden.

* der Schutzpatron = der Beschützer

der Umhang: rot
das Kleid: grau
die Kopfbedeckung: rot mit gelben Streifen
der Schal: rot mit gelben Kreuzen
der Stock: silbern oder grau
die Bibel in der Hand: schwarz
der Bart: weiß

Im Dezember wird auch das jüdische Fest Chanukka gefeiert.

☆ **8** Finde mehr Informationen im Internet oder in einem Sachbuch über dieses Fest.

9 Male den Kerzenhalter aus.

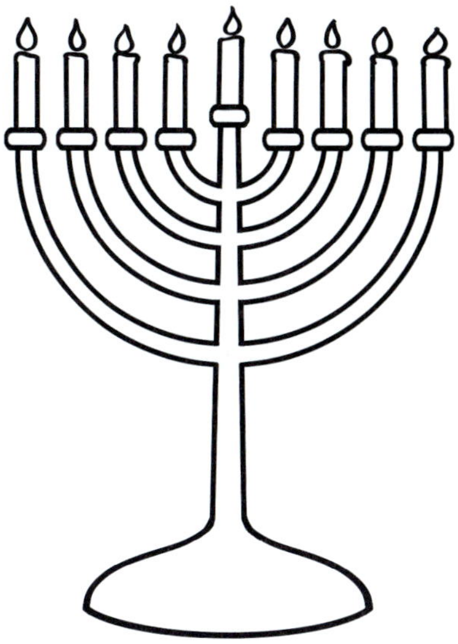

Feste im Frühjahr

Karneval, Fastnacht, Fasching – diese drei Bezeichnungen stehen für das gleiche Fest. Die Menschen verkleiden sich und feiern.

Die Faschingszeit beginnt am 11.11. um 11.11 Uhr.
Die eigentliche Faschingswoche liegt aber erst im Februar oder März und dauert eine Woche: von Donnerstag (Weiberfastnacht oder Schmutziger Donnerstag) bis Aschermittwoch.

1 Karneval, Fastnacht oder Fasching – wie heißt das Fest bei euch?

____

2 Feierst du dieses Fest gerne? ☐ ja ☐ nein

____

3 Als was warst du beim letzten mal verkleidet?

____

Male deine Verkleidung:

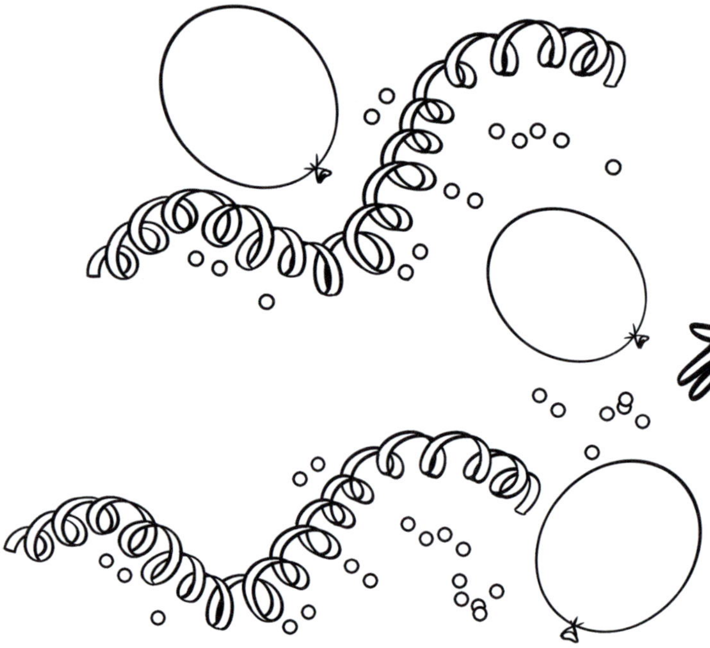

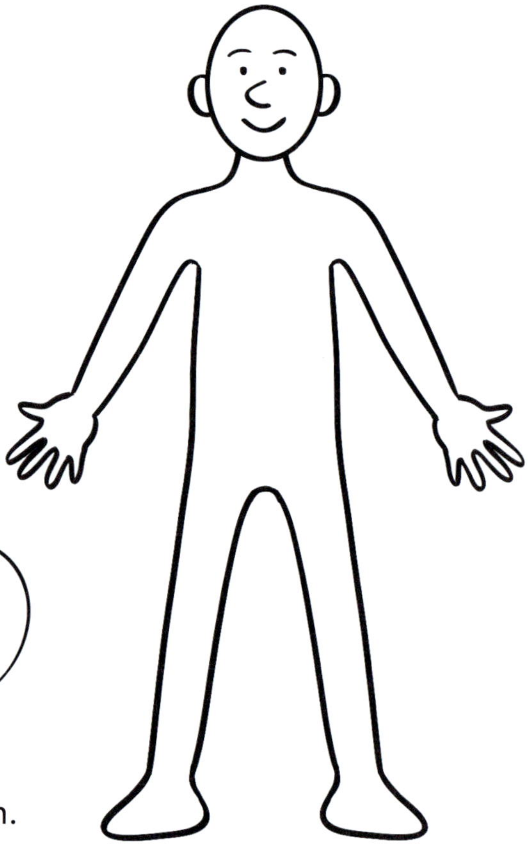

4 Male die Dekoration auf dieser Seite bunt an.

Ostern ist ein kirchliches Fest.
An Ostern denken die Christen an das Leiden und Sterben von Jesus.
Am Ostersonntag feiern sie seine Auferstehung von den Toten.

5 Seht euch die Bilder an.
Was könnt ihr auf den Bildern erkennen?

Karfreitag

Ostersonntag

6 Ergänze die Sätze.

Sätze	Wörter
An Ostern denken die Christen an das Leiden von __________ . →	gekreuzigt
An Karfreitag wird daran erinnert, wie Jesus	Jesus
__________________ wurde.	Ostersonntag
Die Auferstehung von Jesus wird am __________________ gefeiert.	

7 Informiert euch im Internet über die Ostergeschichte.
Schreibe drei Informationen auf:

____

____

____

8 Feiert ihr zu Hause Ostern? Wenn ja: Wie?

____

____

Feste in anderen Religionen

Şeker Bayramı – Das muslimische Zuckerfest

▶ Video

**Das Zuckerfest wird zum Abschluss des Ramadan gefeiert.
Der Ramadan ist der islamische Fastenmonat.
Während des Ramadans dürfen Muslime tagsüber nichts trinken oder essen, auch kein Bonbon oder Kaugummi.
Das Fasten beginnt früh morgens und endet abends.**

Murat erzählt auf Türkisch:

Müslümanlar Ramazan ayında oruç tutarlar. Ondan sonra üç gün süresince Şeker Bayramı gelir. Güzel giyinilir.
Tatillar yapılır, yemekler pişirilir.
Çocuklar büyüklerin ellerini öperler.
Büyükler onlara para, şeker ve hediyeler verirler.

Amara berichtet:

Muslime fasten während des Ramadans.
Danach feiert man drei Tage lang das Zuckerfest.
Alle ziehen sich schön an.
Es wird gefeiert, gekocht, gebacken und gegessen.
Die Kinder gratulieren den Erwachsenen.
Die Erwachsenen geben den Kindern Geld, Süßigkeiten und Geschenke.

1 Gibt es Kinder in eurer Klasse, die den türkischen Text vorlesen können?

2 Ergänze die Lücken im Text.

Bei den Muslimen gibt es ein wichtiges religiöses Fest,

das ______________________ dauert.

Es heißt auf Türkisch ______________________ .

Das bedeutet ______________________ .

Es wird immer zum Abschluss des Fastenmonats ______________________ gefeiert.

→ drei Tage
Ramadan
Şeker Bayramı
Zuckerfest

3 Das Zuckerfest ist jedes Jahr zu einer anderen Zeit.
Finde heraus, wann das nächste Zuckerfest ist.

Das jüdische Pessach-Fest

**Jedes Jahr im Frühling feiern die Juden das Pessach-Fest.
Es dauert sieben Tage.
Mit diesem Fest wird daran erinnert, dass die Juden vor 3500 Jahren aus der Gefangenschaft in Ägypten befreit wurden.
Diese Geschichte wird an dem ersten Abend des Festes aus dem Buch „Haggada“ vorgelesen.**

Den ersten Abend feiert die ganze Familie mit einem Festessen.
Die Kinder bekommen Geschenke.
Ein Stück Brot wird versteckt, das alle suchen müssen.
Wer es findet, bekommt eine Belohnung.

4 Löse das Kreuzworträtsel.

1				U					
2					E				
3				Ü					
4		S							
5					E				
6		H		G					
7					H				
8				F					
9	F						E		

1 = Menschen, die den jüdischen Glauben haben, nennt man ...
2 = So viele Tage dauert das Pessach-Fest.
3 = In dieser Jahreszeit findet das Pessach-Fest statt.
4 = Während des Festes wird ein Stück Brot versteckt, das alle ... müssen.
5 = Den ersten Abend des Pessach-Festes feiert die Familie mit einem ...
6 = So heißt das Buch über die Befreiungsgeschichte.
7 = Wer das versteckte Stück Brot findet, bekommt eine ...
8 = Mit dem Pessach-Fest wird daran erinnert, dass die Juden vor langer Zeit aus der Gefangenschaft ... wurden.
9 = Das Pessach-Fest feiert man mit der ganzen ...

Das Lösungswort kannst du von oben nach unten in den fett markierten Kästchen lesen.
Es ist eine bekannte Stadt in Israel.

Das Lösungswort heißt: J ______________________ .

Aktiv: Wir planen ein Klassenfest!

**Hier beginnt gleich ein Klassenfest.
Die Schülerinnen und Schüler haben
in den letzten Wochen ihr Fest vorbereitet.**

Wir haben uns bei der Arbeit für das Klassenfest in Gruppen aufgeteilt. Unsere Gruppe war für die Dekoration verantwortlich.

Ich fand die Vorbereitungen manchmal ganz schön anstrengend. Aber die Mühe hat sich gelohnt, wir hatten ein tolles Fest!

Aktiv: Wir planen ein Klassenfest!

Gelegenheiten zum Feiern gibt es immer wieder.
Welches Fest würdet ihr gerne einmal zusammen feiern?

1 Besprecht gemeinsam, welches Fest ihr miteinander feiern wollt.

→ Faschingsfest, Sommerfest, Zuckerfest, Laternenfest …

2 Besprecht gemeinsam:

- Wann und wo soll das Fest stattfinden?
- Wer soll eingeladen werden?
- Was soll während des Festes passieren?

Bei der Vorbereitung des Klassenfestes hilft ein Arbeitsplan.

Unser Klassenfest			
Was?	**Wer?**	**Wann?**	**Erledigt?**
Termin und Raum für das Fest festlegen	alle ________	4 Wochen vor dem Termin	☒
Eltern um Hilfe und Spenden bitten	alle ________	3 Wochen vor dem Termin	☐
die Einladungen schreiben	________	____ Wochen vor dem Termin	☐
die Dekoration planen, basteln, besorgen; den Raum schmücken	________		☐
Vorschläge für das Programm sammeln und besprechen	________		☐
Essen und Getränke planen, einkaufen, zubereiten	________		☐
Nach dem Fest: – Geschirr spülen – aufräumen	________		☐

3 Plant euer Klassenfest.
Erstellt dazu einen eigenen Arbeitsplan.

Das kann ich!

1 Welche Gemeinsamkeiten haben die Religionen?
Welche Unterschiede gibt es?
Kreuze an, ob die Aussage auf Christen, Juden oder Muslime zutreffen.

a) Mohammed ist der Begründer des...

☐ Christentums ☐ Islam ☐ Judentums

b) Für sie ist Jesus die wichtigste Gestalt ihres Glaubens.

☐ Christen ☐ Muslime ☐ Juden

c) Ihre Heilige Schrift ist die Tora.

☐ Christen ☐ Muslime ☐ Juden

d) Ihre Heilige Schrift ist die Bibel.

☐ Christen ☐ Muslime ☐ Juden

e) Sie beten freitags in der Moschee.

☐ Christen ☐ Muslime ☐ Juden

f) Sie feiern Schabbat und beten in einer Synagoge.

☐ Christen ☐ Muslime ☐ Juden

2 Wie heißen diese religiösen Feste?

a) Die Christen denken an das Leiden und Sterben von Jesus und an seine Auferstehung: ______________________ .

b) Die Muslime fasten in dieser Zeit. Danach wird drei Tage lang das Zuckerfest gefeiert: ______________________ .

c) Mit diesem Fest wird an die Befreiung der Juden aus der Gefangenschaft in Ägypten erinnert: ______________________ .

3 An welchem Datum feiert man diese Feste und Feiertage?

Tag der deutschen Einheit: __________________ Halloween: __________________

Reformationstag: __________________ Nikolaus: __________________

☺ Das kann ich!

4 Welche Aussagen zu den Festen sind richtig?

Ramadan	Pessach-Fest
☐ Während des Ramadans dürfen die Menschen nichts essen.	☐ Das Pessach-Fest findet im Winter statt.
☐ Während des Ramadans dürfen die Menschen trinken.	☐ Es dauert sechs Tage.
☐ Das Fasten beginnt mittags.	☐ Das Fest erinnert an die Befreiung der Juden aus der Gefangenschaft.
☐ Das Fasten endet abends.	☐ Den ersten Abend des Festes feiert die Familie mit einem Spaziergang.
☐ Die Fastenzeit endet mit dem Zuckerfest.	☐ Die Kinder bekommen etwas geschenkt.

Meine Wörter

▶ Teste dich!

Nomen	Verben
das Christentum	glauben
der Islam	beten
das Judentum	feiern
der Christ, die Christin	singen
der Muslim (Moslem), die Muslima	sich verkleiden
der Jude, die Jüdin	trinken
die Bibel, der Koran, die Tora	essen
die Religion	fasten
das Weihnachtsfest, Weihnachten	sich erinnern
der Advent	
der Ramadan	
das Pessachfest, Pessach	

Adjektive	Redemittel
gemeinsam	ein Fest feiern
christlich	eine Feier begehen
jüdisch	(jemanden) zu einem Fest einladen
muslimisch	jemandem etwas schenken
religiös	ein Geschenk überreichen
unterschiedlich	
festlich	
gleich	

Kinder dieser Welt

1 Beschreibt die Bilder und vermutet, wie und wo die Kinder leben.

So leben wir

Auf der Welt leben etwa 2 Milliarden Kinder. Diese Kinder haben viele Gemeinsamkeiten: Sie spielen und lachen gern, sie lernen, sie streiten und versöhnen sich wieder. Und sie haben auch Probleme. Manche von ihnen müssen täglich hart arbeiten. Einige können zur Schule gehen, andere nicht. Warum ist das so?

2 Wie viele Kinder leben auf der Welt? *Etwa* ____________________

3 Was möchtest du über das Leben der Kinder wissen? Überlege und schreibe deine Fragen hier auf:

____

____

____

Hallo, ich bin **Thiago**. Ich lebe mit meinen Eltern und meinen **Geschwistern** in **Peru**. Das liegt in **Südamerika**. Seit ich 10 Jahre alt bin, **arbeite** ich als **Schuhputzer** auf der Straße. Mein großer Bruder, José, ist schon 16. Er arbeitet in einer **Kupfermine**. Bei uns im Dorf arbeiten fast alle Kinder, um unsere Familien zu unterstützen. Wenn wir nicht arbeiten müssen, gehen wir manchmal zur Schule. **Mein Wunsch** ist es, eines Tages ein berühmter **Fußballer** zu werden! Dafür gehe ich auch jedes Wochenende zum Fußballtraining.

Hallo, ich heiße **Amari**. Ich bin 13 Jahre alt und lebe in **Mali**. Das ist ein Land im Westen von **Afrika**. Ich würde gerne zur **Schule** gehen, aber dafür ist **keine Zeit**. Meine 5 Geschwister und ich müssen unseren Eltern beim **Arbeiten auf dem Feld** helfen. Es gibt nur wenig Kinder, die eine Schule besuchen können. Mein größter Wunsch ist: Ich möchte gerne **Englisch lernen**. Dann könnte ich später in die Stadt ziehen und dort eine gute Arbeit finden.

4 Was habt ihr über das Leben von Thiago und Amari erfahren?

So leben wir

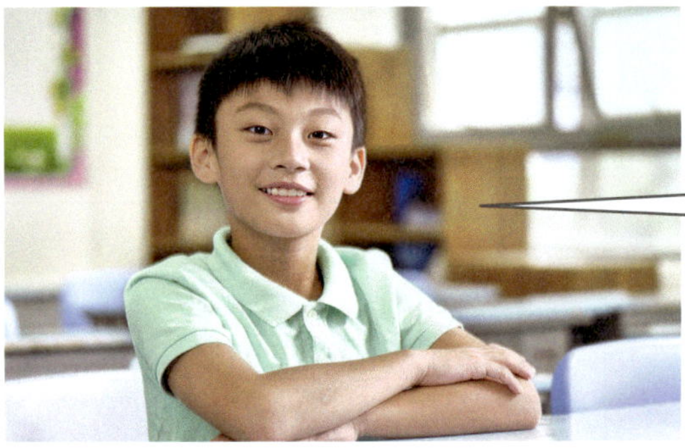

Hallo, ich bin **Bao**. Ich wohne in **Peking**. Das ist die Hauptstadt von **China**. Ich gehe auf eine **Privatschule**. Dort wohne ich auch, in einem **Internat**, wie alle meine Freunde. Bei meinen **Eltern** wohne ich nur am **Wochenende**. Für meine Eltern ist es wichtig, dass ich in der Schule gute Noten bekomme.
Unser Schultag beginnt schon um 7 Uhr und endet erst abends. Danach müssen wir noch Hausaufgaben machen. Wir haben kaum Freizeit. Mein **Wunsch** ist es, am Nachmittag frei zu haben. Einfach nichts tun, nur Musik hören oder mit meinen Freunden Zeit verbringen.

Hallo, ich bin **Sadia**. Ich bin **12 Jahre** alt. Ich wohne mit meinen Eltern und meinen **3 Geschwistern** in **Dhaka**. Das ist die Hauptstadt von **Bangladesch**. In unserem Land gibt es häufig Überschwemmungen. Unser **Zuhause** wurde vor 2 Jahren bei einem **Hochwasser zerstört**. Seitdem wohnen wir in einem Zimmer in einem Wohnblock.
Ich **arbeite jeden Tag** in einer großen Fabrik. Dort nähe ich Kleidung.
Nachmittags kann ich zur Schule gehen, darüber bin ich froh. Mein **Wunsch** ist **ein eigenes Bett**. Und es wäre schön, wenn meine Familie ein kleines Haus hätte.

1 Was habt ihr über das Leben von Bao und Sadia erfahren?

☆ **2** Informiert euch in einem Sachbuch oder im Internet über die Länder, in denen die Kinder leben. Ihr könnt Länder-Steckbriefe erstellen.

3 Vergleiche das Leben der Kinder.
Fülle die Tabelle aus.

	Land, Kontinent	Arbeit / Schule	Wünsche
Thiago	Peru Südamerika		
Amari			
Bao			
Sadia			

4 Suche die Länder, in denen die Kinder leben, in einem Atlas oder im Internet.
Wo liegen diese Länder? Trage die passenden Nummern in die Kreise ein.

→ Bangladesch: 1 • China: 2 • Mali: 3 • Peru: 4

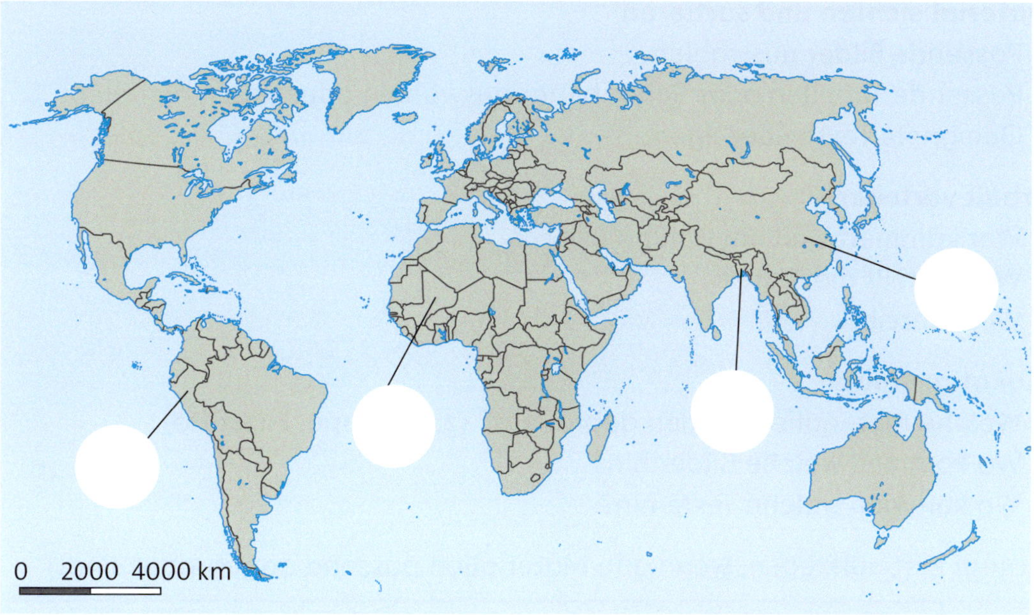

Methode: Ein Lernplakat gestalten

Die Klasse 6b hat sich im Unterricht mit dem Thema „Kinderrechte“ beschäftigt. In kleinen Gruppen haben sie Lernplakate erstellt.

Ein Lernplakat ist dazu da, anderen einen Überblick über ein Thema zu geben und eure Arbeitsergebnisse zu zeigen. Es besteht aus einem oder mehreren Bildern und kurzen Sätzen.

So geht ihr vor, wenn ihr ein Lernplakat gestaltet:

Ein Lernplakat gestalten.

1: Informationen auswählen
- Informationen sammeln, lesen und auswählen.
- Was ist wichtig, was kann weggelassen werden?

2: Material sichten und sortieren
- Passende Bilder auswählen.
- Passende Tabellen oder Schaubilder auswählen oder selbst erstellen.
- Geeignete Texte überlegen.

3: Arbeit verteilen
- Wer kümmert sich um welche Bilder?
- Wer erstellt die Texte?
- Wer schreibt?

4: Plakat gestalten
- Welche Materialien werden gebraucht? (z. B. Pappe, Filzstifte)
- Wo kommen welche Bilder hin?
- Wo kommen welche Texte hin?

(Achtung! Erst aufkleben, wenn alle Materialien passend angeordnet sind!)

Methode: Ein Lernplakat gestalten

1 Lest die Kinderrechte im Schaubild durch.
Ihr könnt auch in diesem Heft auf Seite 28 nachschlagen.

2 Teilt euch in Gruppen ein: Arbeitet zu zweit oder zu dritt.
Erstellt ein Lernplakat zu einem Kinderrecht eurer Wahl.

Tipps für die Gestaltung:
- Überschrift
- Bilder und Texte im Wechsel
- kurze Texte oder Stichwörter
- gute Lesbarkeit (Schriftgröße)
- maximal 3 Farben
- Übersichtlichkeit

Entwicklungsziele – weltweit

Ziele für eine nachhaltige Entwicklung

Im Jahr 2015 haben die Vereinten Nationen* Ziele für eine nachhaltige Entwicklung beschlossen. Nachhaltige Entwicklung bedeutet, dass es der Welt und den Menschen besser gehen soll. Diese Ziele sollen bis zum Jahr 2030 erreicht werden.

* die Vereinten Nationen: 193 Länder dieser Welt arbeiten gemeinsam daran, Frieden und Menschenrechte zu schützen

1 Das Schaubild zeigt eine Auswahl aus den Entwicklungszielen. Lies sie durch.

Diese Entwicklungsziele hängen eng mit den Kinderrechten zusammen. Die Ziele wollen aber noch mehr: Zum Beispiel geht es um den **Schutz der Umwelt** und um **Frieden**. Auf der ganzen Welt gibt es **Projekte** zur Umsetzung der Ziele. Viele Hilfs-Organisationen arbeiten weltweit für diese Projekte.

☆ **2** Informiere dich im Internet oder in deinem Wohnort:
Welche Hilfsorganisationen gibt es bei euch? Schreibe drei Beispiele auf.

3 Was passt zusammen? Verbinde die Bilder mit den passenden Zielen für nachhaltige Entwicklung.

▶ Audio

- Ziel: Keine Armut
- Ziel: Gesundheit und Wohlergehen
- Ziel: Geschlechter-Gleichheit
- Ziel: Bezahlbare und saubere Energie
- Ziel: Maßnahmen zum Klimaschutz

4 Ordne den Projekten das entsprechende Ziel für nachhaltige Entwicklung zu. Manchmal passen mehrere Ziele.

Projekt	Ziel für nachhaltige Entwicklung
„Mit verbesserten Anbaumethoden die Ernte verdoppeln“	
„Wir trennen Müll“	
„Insekten in Gefahr! Wir schützen die Naturvielfalt“	
„Projekt für gesunde Ernährung“	
„Sauberes Wasser für alle!“	
„Wir werden Energie-Experten!“	

Was tun gegen Kinderarbeit?

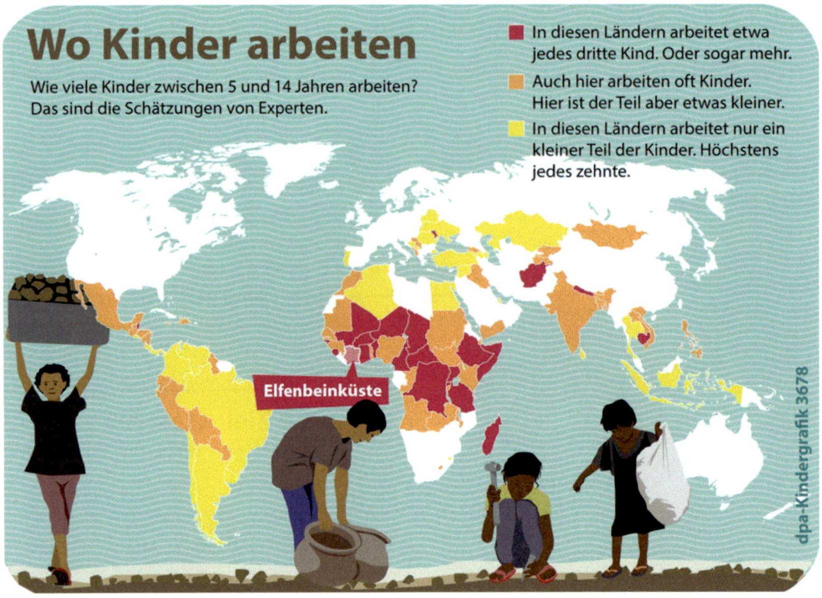

Was ist Kinderarbeit?

In vielen Ländern der Welt müssen Kinder **Arbeiten erledigen**, für die sie noch zu **jung** sind. Diese Arbeiten sind oft **gefährlich** und **schädigen die Gesundheit**. Dennoch arbeiten etwa 160 Millionen Kinder weltweit. Die Hälfte der arbeitenden Kinder ist unter 12 Jahre alt. Oft sind die **Familien sehr arm**. Der Verdienst der Eltern reicht nicht aus. Ohne das Einkommen der Kinder könnten die Familien nicht überleben. Viele Kinder können deswegen **nicht zur Schule** gehen. Einige Kinder arbeiten als **Schuhputzer** oder **Straßenhändler**. Andere Kinder arbeiten in **Fabriken** oder in **Bergwerken**. Manche Kinder müssen sogar als **Kindersoldaten** arbeiten.

1 Welche Gründe gibt es für Kinderarbeit?

2 Welche Arbeiten müssen Kinder erledigen? Nenne mindestens 3.

☆ **3** Nimm einen Atlas oder eine Karte zu Hilfe: Nenne 5 Länder, in denen Kinder oft arbeiten müssen. Das Schaubild oben hilft dir dabei.

Kinderarbeit verbieten?

Es ist nicht einfach, Kinderarbeit abzuschaffen. Es reicht nicht, Kinderarbeit gesetzlich zu verbieten. Denn die Familien brauchen das Geld, das ihre Kinder verdienen. Deshalb ist es wichtig, **Armut** zu bekämpfen. Wenn die Familien genug Geld zum Leben haben, müssen ihre Kinder nicht mehr arbeiten.

4 Verbinde die Sätze.

Manche Kinder müssen arbeiten, weil …	… müssen die Kinder nicht mehr arbeiten.
Deshalb ist es wichtig, dass …	… ihre Familien das Geld brauchen.
Wenn Familien genug Geld haben, dann …	Armut bekämpft wird.

Bildung ermöglichen!

▶ Quiz

Es ist wichtig, dass Kinder zur **Schule** gehen können. Wenn Kinder etwas lernen, können sie später eine **bessere Arbeit** finden. Hilfs-Organisationen setzen sich dafür ein. Kinder erhalten die Möglichkeit, zu arbeiten und zur Schule zu gehen. So haben sie eine Aussicht auf eine **bessere Zukunft**. Und dann müssen ihre Kinder vielleicht nicht mehr arbeiten.

5 Warum ist es wichtig, dass Kinder zur Schule gehen? Begründe.

____

____

____

6 Informiere dich über Hilfs-Organisationen und über ihre Arbeit. Welche Hilfs-Projekte hast du gefunden?

▶ Methoden zum Nachschlagen Seite 93

Das kann ich!

1 Wie heißen diese Kinderrechte?

Alle Kinder sind gleich. Es ist wichtig, dass kein Kind benachteiligt wird.	Recht auf ...
Es ist wichtig, dass Kinder spielen und sich erholen.	
Es ist wichtig, dass Kinder sich Informationen beschaffen können, die sie brauchen.	
Es ist wichtig, dass Kinder lernen dürfen und eine Ausbildung machen können.	
Es ist wichtig, dass Kinder gesund sind.	
Kinder dürfen nicht geschlagen werden.	
Behinderte Kinder dürfen aktiv am Leben teilnehmen.	
Kinder dürfen Geheimnisse haben.	
Flüchtende Kinder und Kinder im Krieg müssen besonders geschützt werden.	
Kinder dürfen sagen, was sie denken.	

2 Welche drei Kinderrechte findest du besonders wichtig?

3 Schreibe drei Ziele für nachhaltige Entwicklung auf, die dir besonders wichtig sind.
Male ein passendes Bild zu jedem Ziel.

Diese Ziele für nachhaltige Entwicklung finde ich besonders wichtig:	Bild
______________________ ______________________ ______________________	
______________________ ______________________ ______________________	
______________________ ______________________ ______________________	

Meine Wörter

▶ Teste dich!

Nomen	Verben
das Entwicklungsziel die Hilfsorganisation das Hilfsprojekt das Kinderrecht, die Kinderrechte die Ungleichheit die Lebensumstände die Armut der Wunsch	leben arbeiten lernen träumen Träume haben sich etwas wünschen
Adjektive	**Redemittel**
gleich, ungleich arm, reich, wohlhabend industriell hoch/niedrig entwickelt	in Armut leben eine Schule besuchen Recht haben auf etwas Kinder haben Recht auf ...

Wir nutzen Medien

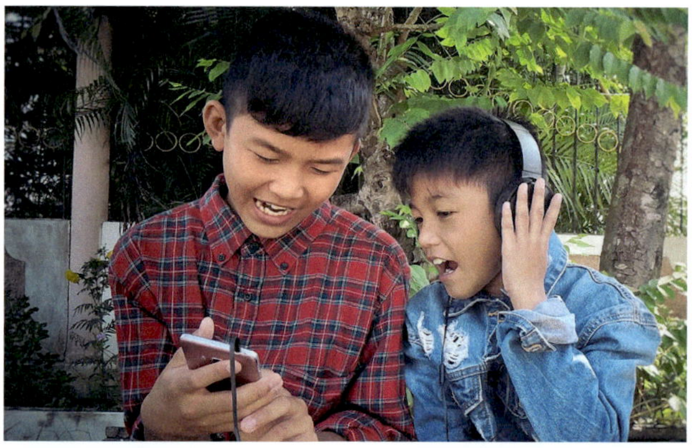

1 Was siehst du auf den Bildern? Beschreibe.

Medien im Alltag

Ohne Medien können wir unseren Alltag kaum vorstellen: wenn wir eine Nachricht auf dem Handy oder in der Zeitung lesen; wenn wir einen Film auf dem Laptop oder im Fernsehen uns ansehen; wenn wir Musik hören oder ein Buch lesen – wir nutzen Medien.

2 Welche Medien nutzt du im Alltag?

3 Was können wir mit den verschiedenen Medien machen?
Bilde Sätze und schreibe sie auf.

		einen Film	
Mit dem Handy ...		eine Nachricht	ansehen.
Mit dem Fernseher	kann ich (mir)	ein Spiel	hören.
Mit der Konsole ...	können wir (uns)	ein Video	spielen.
Mit dem Laptop ...		Musik	suchen.
Mit dem Tablet ...		Bilder	versenden.
		Informationen	

Mit dem Handy kann ich eine Nachricht versenden.

Bald stehen die Sommerferien an.
Ihr möchtet auch während der Ferien in Kontakt bleiben.
Ihr überlegt gemeinsam, wie ihr euch austauschen könnt.

4 Welche Möglichkeiten gibt es für den Austausch?

Wir könnten

Was sind Medien?

1 Was siehst du auf den Bildern? Beschreibe.

Medien zum Austausch

Es gibt die „Sozialen Medien“, wir nennen sie auch „Social Media“. Damit kannst du dich mit Anderen **austauschen**. Das nennt man auch „**sich vernetzen**“. Du kannst **Nachrichten**, **Fotos** und **Videos verschicken** und **bekommen**. Durch die Sozialen Medien kannst du dir auch wichtige **Informationen beschaffen**. Auf deinem Handy nutzt du hierfür verschiedene Apps.

2 Welche Apps kennst du? Trage sie in die Tabelle ein.

Wie heißt die App?	Was kannst du mit der App machen?
„Music around the World“	*Musik herunterladen und hören*

Früher und heute

3 Was nutzte man früher? Was nutzen wir heute? ▶ Video

→ der Laptop • das Smartphon • der PC (Computer) • der MP3-Player • das Telefon

Wozu?	Früher	heute
Musik hören	Kassettenrecorder	______
Telefonieren	______	______
Texte schreiben arbeiten, lernen	______	______

Massenmedien

1 **Massenmedien** dienen dazu, dass **viele Menschen** gleichzeitig Neuigkeiten
2 und **wichtige Informationen** bekommen. Die Menschen können **sich** über
3 verschiedene Themen **informieren** und **eine Meinung bilden**.
4 Massenmedien sind die Zeitung, der Fernseher, das Radio oder das Internet.

4 Wie kannst du eine Nachricht oder eine Neuigkeit erfahren?

a) Bilde Sätze.
b) Schreibe die Sätze auf ein Blatt.

	im Radio	lesen.
Ich kann eine Nachricht …	in der Zeitung	hören.
Ich kann eine Neuigkeit …	im Fernsehen	sehen.
	im Internet	

______

Die Aufgaben der Medien

1 Lies den Text.
Wende dabei die Schritte 1 und 2 vom Lese-Profi an.

▶ Der Lese-Profi Seite 92

Welche Aufgaben haben die Massenmedien?

Die Nachrichten vermitteln uns Informationen. Hierzu gehören aktuelle Themen aus der Welt, die wir ansonsten nicht erfahren würden, weil wir nicht vor Ort sind.

Eine weitere Aufgabe ist die Meinungsbildung. Die Medien ermöglichen uns eine Meinung zu einem Ereignis, zu einer Person oder zu einem aktuellen Problem zu bilden.

Die Medien vermitteln auch Wissen und Erfahrungen. Es gibt Berichte und Beiträge zu kulturellen oder politischen Themen. Eine wichtige Aufgabe ist die Bildung.

Die Medien haben auch noch eine andere Aufgabe: die Unterhaltung. Dazu gehören Musik, aber auch Reise- und Sportsendungen. Die Aufgabe besteht darin, die Zuschauer zu amüsieren und zu begeistern.

2 Was hast du über die Aufgaben der Medien erfahren?

3 Schreibe die vier wichtigen Aufgaben der Medien auf.

Die Aufgaben der Medien

Die Schüler der Klasse 6b unterhalten sich in der Pause.

4 Lies die Texte in den Sprechblasen. ▶ Quiz

5 Welche Aufgaben der Massenmedien findest du in den Sprechblasen wieder? Schreibe auf.

Morgen wird es nicht regnen. In dem **Wetterbericht** habe ich gehört, dass es sonnig und 25° C warm sein wird.

Das **Fußballspiel** gestern gegen Dortmund war super spannend!

Ich habe mir eben ein **Erklärvideo** angeschaut. Ich habe jetzt verstanden, wie die Bruchrechnung funktioniert.

Ich habe einen Bericht über Massentierhaltung gelesen. Meine **Meinung** über Fleischprodukte **hat sich** sehr **verändert**.

Sprechblase A: ________________ Sprechblase C: ________________

Sprechblase B: ________________ Sprechblase D: ________________

„Nachricht der Woche“

6 Suche eine aktuelle Nachricht aus den Medien heraus, die du spannend findest. ▶ Video

a) Mache dir Notizen dazu.
b) Stelle diese Nachricht in der Klasse vor.

Methode: Eine Umfrage durchführen

Die Klasse 6b wollte wissen, wie die Mitschülerinnen und Mitschüler ihr Handy nutzen. Sie haben dazu eine Umfrage in der Klasse gemacht.

Ihr könnt auch eine Umfrage durchführen.
Die folgenden Schritte helfen euch dabei.

1. Schritt: Die Umfrage vorbereiten
- Welche Fragen möchtet ihr stellen?
- Schreibt eure Fragen auf.

2. Schritt: Die Umfrage durchführen
- Befragt eure Mitschülerinnen und Mitschüler.
- Macht eine Strichliste.

3. Schritt: Die Umfrage auswerten
- Was sind eure Ergebnisse?
- Stellt eure Ergebnisse in der Klasse vor.

1 Führt eine Umfrage zur Handynutzung in der Klasse durch.

2 Erstellt dafür einen Fragebogen wie im Beispiel. Ihr könnt den Fragebogen auch am Computer oder Tablet erstellen.

Beispiel:
Frage: Wozu nutzt du dein Handy am meisten?

	Jungen	Mädchen
Chatten	III	𝍸 II
Telefonieren	IIII	𝍸 III
Spielen	𝍸 𝍸	III
Musik hören	IIII	II
...		

Handynutzung im Alltag – Auswertung

3 Die Strichliste zeigt eure Ergebnisse. Erstellt aus der Strichliste ein Säulendiagramm.

So könnte ein Säulendiagramm aussehen.

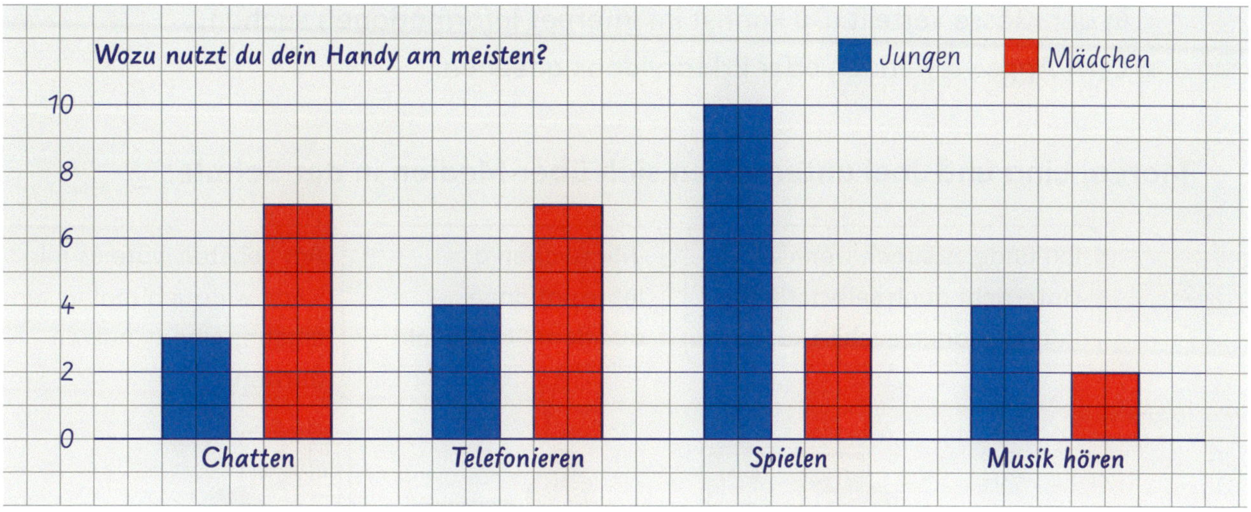

4 Was habt ihr herausgefunden?

5 Werte das Säulendiagramm aus. Verbinde die Satzhälften.

Die roten Säulen zeigen	ihr Handy unterschiedlich nutzen.
Die blauen Säulen zeigen	mehr zum Spielen und Musik hören.
Die Mädchen nutzen ihr Handy	die Ergebnisse der Mädchen.
Die Jungen nutzen ihr Handy	die Ergebnisse der Jungen.
Das Diagramm zeigt, dass Mädchen und Jungen ...	mehr zum Chatten und Telefonieren.

6 Schreibe einen Ergebnissatz auf. Die Satzbausteine in Aufgabe 5 helfen dir.

Das Diagramm zeigt,

Über die Mediennutzung nachdenken

Wir nutzen jeden Tag Medien in der Schule und auch zu Hause.

Medien in der Schule

In der Schule nutzt du wahrscheinlich andere Medien als zu Hause. Im Unterricht steht dir oft ein Computer oder ein Tablet zur Verfügung. Viele Schulen haben einen Medienraum oder es werden Tablets in der Klasse verteilt. Du kannst im Internet Informationen suchen, Lern-Apps verwenden oder Erklärvideos ansehen.

Marco, Lina und Joel unterhalten sich über Medien in der Schule.

1 Worüber unterhalten sich die Kinder?
Wo suchst du am liebsten Informationen?

2 Überlege und beantworte die Fragen für dich.

a) Wozu verwendest du das Internet in der Schule?

b) Welche Lern-Apps nutzt du?

c) In welchen Fächern nutzt du den Computer oder das Tablet?

Medien in der Freizeit

▶ Quiz

Zu Hause in deiner Freizeit nutzt du andere Medien. Viele Kinder und Jugendliche haben ein **Smartphone**. Sie können damit **chatten**, **telefonieren**, **Musik hören** oder sich **Videos anschauen**. Andere Kinder spielen gerne an einer **Spielekonsole**. Kinder und Jugendliche verbringen täglich viel Zeit vor einem Bildschirm. Oft merken sie es gar nicht, wie lange sie im Internet unterwegs sind.

3 Welche Medien nutzt du zu Hause? Schreibe die Sätze zu Ende.

a) Wenn ich mich **informieren** möchte, nutze ich ____________________

____.

b) Wenn ich mich mit Freunden **verabreden** möchte, nutze ich ____________

____.

c) Wenn ich spielen und **Spaß haben** möchte, nutze ich ____________

____.

Eltern machen sich oft Sorgen über die Bildschirmzeit ihrer Kinder. ▶ Audio

4 Was meinst du: Ist es wichtig, dass Eltern regelmäßig kontrollieren, was ihre Kinder auf der Konsole spielen oder wie lange sie online sind?

Was? (Inhalte)

☐ Ja ☐ Nein

Wie lange? (Zeit)

☐ Ja ☐ Nein

5 Begründe deine Meinung aus Aufgabe 4.

→
- kontrollieren /
- nicht kontrollieren, weil (...)

Ich denke, die Eltern sollen die Mediennutzung der Kinder ...

____.

Gefahren im Internet

**Das Internet ist aus unserem Alltag nicht mehr wegzudenken.
Es ist aber wichtig, gefährliche Sachen zu erkennen.**

1 Lies den Text und finde heraus: Was ist mit Isabell passiert?

Montagmorgen in der Schule …

Isabelle geht auf den Schulhof und bemerkt, dass ihre Mitschülerinnen **über sie lachen**. Sie tuscheln und schauen immer wieder auf ihr Handy. Was ist nur passiert? Isabelle schaut nach und sieht, dass ein **peinliches Video** von ihr hochgeladen wurde. Auf der Party am Wochenende muss wohl jemand heimlich ein Video von ihr gemacht haben. Isabell hat Angst und weiß nicht, was sie tun soll.

2 Was ist mit Isabell passiert? Wie könnte sich Isabell nach diesem Vorfall fühlen? Sprecht darüber in der Klasse.

Cyber-Mobbing

Von **Cybermobbing** spricht man, wenn ein Kind oder ein Jugendlicher über soziale Medien gemobbt wird. Verschiedene Chats werden zum Beispiel dazu genutzt, um jemanden zu **verletzen**, zu **beleidigen** oder **auszugrenzen**. Die Mobber verbreiten **Lügen**, laden peinliche **Bilder oder Videos** hoch oder plaudern **Geheimnisse** aus.

3 Was könntest du machen, um Isabelle zu helfen? Sammle Ideen.

→
- Hilfe holen
- Vertrauens-lehrer/in mitein-beziehen
- Isabell trösten
- Isabell Mut machen

4 Lies den Text und finde heraus: Welchen Aufruf hat Marco bekommen?

Challenges – neue Mutproben?

Marco hat in einem Portal **Videos** gefunden, wo Jugendliche gefährliche Sachen machen. Sie treffen sich an verlassenen Bahnhöfen, klettern über Mauern und Eisenbahnschienen. Sie laufen und springen über Absperrungen und über andere „Hindernisse" in der Stadt. Über ihre „Challenges" machen sie auch Videos. Marco hat einen Aufruf bekommen: „Komm und mach mit bei der nächsten **Mutprobe!** Bist du dabei?" Marco überlegt, ob er mitmachen soll.

5 Wozu wird Marco aufgefordert? Sprecht darüber in der Klasse.

Challenges: Mutproben mit Risiko

Auf verschiedenen Portalen kursieren mittlerweile viele **Challenges**. Die Kinder und Jugendlichen werden zu verschiedenen Mutproben herausgefordert. Die Aufgaben gehen oft um die ganze Welt. Es kommt immer mehr zu **gefährlichen Herausforderungen**.

6 Überlege und beantworte die Fragen.

a) Welche Gefahren gibt es bei dieser Challenge?

b) Wie sollte Marco mit diesem Aufruf umgehen? Begründe deine Antwort.

Ich denke, Marco sollte ______________________

____

____

______________________.

→
- Verletzungen, Krankenhaus,
- Lebensgefahr
- den Aufruf ablehnen
- an der Mutprobe nicht teilnehmen, weil ...

Das kann ich!

1 Welche Aussagen über die Sozialen Medien treffen zu?
Kreuze die richtigen Antworten an.

- [ ] Soziale Medien sind digitale Medien.
- [ ] Soziale Medien finden im Schulalltag statt.
- [ ] Ihr könnt untereinander Informationen austauschen.
- [ ] Soziale Medien nennt man auch Massenmedien.

2 Welche Aufgaben haben die Massenmedien?
Ergänze den Lückentext mit den passenden Wörtern.

→
- Aufgaben
- Bildung
- Erfahrungen
- Informationen
- Meinungsbildung
- Unterhaltung
- Wissen

Die Massenmedien haben vier wichtige ____________________ .

Die Nachrichten vermitteln dir ____________________ .

Massenmedien dienen zur freien ____________________ .

Die Medien vermitteln ____________________ und berichten

über ____________________ . Diese Aufgabe ist die ____________________ .

Als eine weitere Aufgabe der Medien gilt die ____________________ .

3 Was bedeuten die folgenden Begriffe? Verbinde.

Challenge	etwas im Internet suchen, von einer Seite auf die andere springen
Chatten	eine gefährliche Mutprobe
Cyber-Mobbing	etwas herunterladen (z. B. Musik)
Download, etwas downloaden	ein Gespräch führen
„Surfen“ (im Internet)	jemanden im Internet bloßstellen

4 Um welche Aufgabe der Medien geht es hier?
Ordne den Schlagzeilen die passende Aufgabe zu.

☐ **Sollen Schulen ein Getränkeautomat erhalten?**
Hören Sie die Meinung von Schulsprecher Max Müller über das Thema (...)

☐ **Die Europawahl 2024**
findet vom 6. bis 9. Juni 2024 statt. Hier kommen einige wichtige Informationen: (...)

☐ **Klimawandel – was bedeutet das?**
Der Begriff bezeichnet die weltweit auftretende Veränderung des Klimas

☐ **Endlich Ferien!**
Sommer, Sonne und Sand ... Entdecken Sie unsere neuesten Reiseberichte auf (...)

→ Unterhaltung (A) • Meinungsbildung (B) • Informationen vermitteln (C) • Bildung (D)

Meine Wörter

▶ Teste dich!

Nomen	Verben
die App die Challenge der Chat das Cybermobbing die Information die Kommunikation die Meinungsbildung die Unterhaltung	chatten surfen herunterladen hochladen übermitteln sich informieren sich vernetzen
Adjektive	**Redemittel**
aktuell digital gesellschaftlich politisch sozial	Medien nutzen im Internet surfen sich eine Meinung bilden über ein Thema recherchieren Wissen vermitteln

Lesen mit dem Lese-Profi

Der Lese-Profi hilft mir beim Lesen und Verstehen von Texten.

1 Vor dem Lesen

a) Ich sehe mir die Bilder an.
Was sagen mir die Bilder?

b) Ich lese die Überschrift.
Was könnte in dem Text stehen?
Was kenne ich schon?

c) Ich sehe mir den ganzen Text an.
- Wie viele Abschnitte hat der Text?
- Welche **Schlüsselwörter** erkenne ich?

2 Beim Lesen

a) Ich lese die **Schlüsselwörter**.
Was verraten mir die Schlüsselwörter?

b) Ich lese den Text einmal durch.
Was weiß ich jetzt?

c) Ich lese den Text genau.
- Welche Wörter kenne ich nicht?
- Wo finde ich Erklärungen?
- Was steht in den Abschnitten?
- Was weiß ich nun über den ganzen Text?

3 Nach dem Lesen

a) Ich kann etwas zum Text aufschreiben.
- Was finde ich wichtig?
- Was soll ich tun?

b) Ich überlege zum Schluss:
- Was habe ich gut gemacht?
- Was nehme ich mir aus dem Text mit?

Methoden zum Nachschlagen

Was kann ich tun, wenn ich ein Wort im Text nicht verstehe?

Unbekannte Wörter klären

Ich lese ein Wort, das ich nicht verstehe.

Ich will wissen, was das Wort bedeutet.

Das kann ich machen:
- Ich lese den Satz noch einmal. Ich versuche, das Wort aus dem Zusammenhang zu verstehen.
- Ich frage ein anderes Kind.
- Ich suche die Bedeutung des Wortes in einem Wörterbuch oder im Internet.
- Ich frage meine Lehrerin oder meinen Lehrer.

Ich soll Informationen zu einem Thema einholen.
Wo finde ich Hilfe? Wie gehe ich vor?

In einem Lexikon nachschlagen

- Ich gehe in die Schulbibliothek oder in die Stadtbibliothek.
- Ich wähle ein Lexikon aus.

In dem Lexikon sind die Begriffe nach dem Alphabet geordnet.
- Ich suche den Begriff: z. B. **der Faustkeil**
- Ich lese den Text durch.
- Ich mache mir Notizen.

Informationen im Internet suchen

- Ich starte ein Suchprogramm (z. B. https://www.fragfinn.de/).
- Ich gebe in das Suchfeld den Begriff ein: z. B. **der Faustkeil**

Es erscheinen mehrere Seiten zum Inhalt.
- Ich wähle eine Seite aus.
- Ich lese den Text durch.
- Ich mache mir Notizen.

Die folgenden Schritte helfen euch eine Erkundung durchzuführen.

Eine Erkundung planen und durchführen

1. Schritt: Die Erkundung vorbereiten

- Wir besprechen in der Klasse gemeinsam:
  - Was wollen wir erkunden?
  - Wie kommen wir dorthin?
- Wir stellen einen Arbeitsplan auf:
  - Welches Material brauchen wir?
  - Wer macht Fotos?
  - Wer schreibt alles auf?

2. Schritt: Die Erkundung durchführen

- Wir gehen oder fahren gemeinsam zu unserem Ziel.
- Wir nehmen unser Material mit.
- Wir denken an unsere Aufgaben:
  - Beobachten
  - Fotos machen
  - Alles aufschreiben, was wir sehen.

3. Schritt: Die Ergebnisse präsentieren

- Wir zeichnen die erkundete Umgebung auf.
- Wir wählen Fotos aus.
- Wir kleben die Fotos auf und beschriften sie.

Die folgenden Schritte helfen dir, eine Befragung durchzuführen.

Eine Befragung planen und durchführen

1. Schritt: Die Vorbereitung
Ich überlege, wen ich aus der Familie befragen könnte.
Ich überlege, was ich erfahren möchte, und notiere meine Fragen.

2. Schritt: Die Durchführung
Ich frage höflich, ob die Person Zeit für mich hat.
Ich stelle meine Fragen und höre aufmerksam zu.
Ich notiere in Stichworten, was die Person erzählt.

3. Schritt: Zum Schluss
Ich bedanke mich für das Gespräch.

Cover: Cornelsen/Nils Fliegner.
Illustrationen: Cornelsen/**Carsten Märtin**: S. 12/m., S. 12/o. m.; Cornelsen/**Dieter Stade**: S. 69/u. m., S. 84/u. m., S. 85/m.; Cornelsen/**Erfurth Kluger Infografik GbR**: S. 71/o. m.; Cornelsen/**Gregor Mecklenburg**: S. 38/o. m., S. 39/m. l., S. 39/o. l.; Cornelsen/**Matthias Pflügner**: S. 71/u. m.; Cornelsen/**Raimo Bergt**: S. 4/m. l., S. 4/o. m., S. 5/m. l., S. 5/o. l., S. 6/m., S. 7/m. l., S. 7/m. r., S. 7/o. l., S. 7/o. m., S. 7/o. r., S. 8/o. m., S. 10/o. m., S. 11/o. l., S. 11/o. r., S. 13/o. m., S. 14/m., S. 15/o. m., S. 16/o. m., S. 20/m. r., S. 20/o. l., S. 20/u. l., S. 21/m. l., S. 21/o. r., S. 21/u. r., S. 22/m. l., S. 22/o. l., S. 24/m., S. 24/u. l., S. 24/u. m., S. 24/u. r., S. 26/m., S. 26/o. m., S. 26/u. m., S. 30/u. m., S. 31/o. r., S. 34/m., S. 36/m. r., S. 36/o. r., S. 40/m., S. 40/o. m., S. 40/u. m., S. 41/m. r., S. 41/o. m., S. 41/u. m., S. 42/m. l., S. 42/o. l., S. 43/m., S. 43/o. l., S. 43/o. m., S. 44/u. l., S. 44/u. r., S. 46/m., S. 46/o. l., S. 46/o. m., S. 48/m. l., S. 48/m. r., S. 48/o. l., S. 48/u. r., S. 50/o. m., S. 50/u. r., S. 51/u. r., S. 56/u. l., S. 56/u. r., S. 57/m., S. 57/u. r., S. 58/m., S. 58/u. m., S. 58/u. r., S. 60/m., S. 62/o. m., S. 62/u. l., S. 62/u. r., S. 79/u. r., S. 81/o. m., S. 83/m., S. 84/o. r., S. 86/m.; Cornelsen/**Raimo Bergt, Wanfried**: S. 4/m. l., S. 29/u. l., S. 29/u. m., S. 29/u. r., S. 32/m. r.; Cornelsen/**Volker Konrad**: S. 53/m. r., S. 53/o. r..

Fotos
S. 1/u. l.: Cornelsen/Inhouse/Anne Weingarten; **S. 5/m. l.**: stock.adobe.com/M.Rosenwirth; **S. 28/o. m.**: © UNICEF Deutschland; S. 45/o. l.: mauritius images/Thomas Frey/imageBROKER; S. 45/o. r.: Shutterstock.com/Miljan Zivkovic; **S. 52/o. m.**: F1online/Godong; **S. 53/u. r.**: Shutterstock.com/aninata; **S. 54/o. l.**: Imago Stock & People GmbH/Seeliger; **S. 54/o. m.**: Stockfood; **S. 54/o. r.**: Shutterstock.com/Yuganov Konstantin; **S. 59/m. l.**: stock.adobe.com/stock.adobe.comJoan; **S. 59/m. r.**: stock.adobe.com/stock.adobe.comungvar; **S. 61/m. r.**: Shutterstock.com/Inna Reznik; **S. 66/m. r.**: Shutterstock.com/Susmit Das; **S. 66/o. m.**: Shutterstock.com/Ruslana Iurchenko; **S. 66/o. r.**: Shutterstock.com/Riccardo Mayer; **S. 67/m. l.**: Shutterstock.com/Riccardo Mayer; **S. 67/o. l.**: Shutterstock.com/Ruslana Iurchenko; **S. 68/m. l.**: Shutterstock.com/Oakland Images; **S. 68/o. l.**: Shutterstock.com/imtmphoto; **S. 70/o. l.**: Cornelsen/Matthias Pflügner; **S. 72/m.**: stock.adobe.com/stock.adobe.comIrina 27; **S. 73/m. l.**: stock.adobe.com/stock.adobe.comIrina 27; **S. 73/o. l.**: stock.adobe.com/stock.adobe.comIrina 27; **S. 74/o. m.**: dpa Picture-Alliance/dpa-infografik; **S. 78/m. l.**: Shutterstock.com/sakkmesterke; **S. 78/m. r.**: Shutterstock.com/Aquarius Studio; **S. 80/o. l.**: stock.adobe.com/Oleksiy Mark; **S. 80/o. r.**: Shutterstock/Syda Productions; **S. 82/m. l.**: dpa Picture-Alliance/Chris Emil Janßen; **S. 82/m. l.**: dpa Picture-Alliance/Henning Kaiser/dpa; **S. 82/m. l.**: stock.adobe.com/Kien; **S. 82/o. l.**: mauritius images/Thomas Frey/imageBROKER; **S. 88/o. l.**: stock.adobe.com/highwaystarz; **S. 89/o. l.**: Shutterstock.com/Gorgev; **S. 104/u. l.**: PEFC Deutschland e. V.

Klick! 1
Sozialkunde/Politik

Redaktion: Terezia Edit Petö

Digitale Medien: Sophia Hofmann, Matthias Vogel
Umschlaggestaltung: Anja Rosendahl, Berlin
Umschlagillustration: Nils Fliegner, Hamburg
Layout, Grafik und technische Umsetzung: Klein & Halm Grafikdesign, Berlin

www.cornelsen.de

1. Auflage, 1. Druck 2025

Alle Drucke dieser Auflage sind inhaltlich unverändert und können im Unterricht nebeneinander verwendet werden.

Druck: H. Heenemann, Berlin

ISBN 978-3-06-066369-9

PEFC
PEFC/04-31-1156

PEFC-zertifiziert
Dieses Produkt stammt aus nachhaltig bewirtschafteten Wäldern
www.pefc.de